労務基礎

土江　啓太郎 著

職業訓練法人H＆A

◇ 発行にあたって

当法人では、人材育成に係る教材開発を手掛けており、本書は愛知県刈谷市にありますARMS株式会社（ARMS研修センター）の新入社員研修を進行する上で使用するテキストとして編集いたしました。

ARMS研修センターの新入社員研修の教育プログラムでは、営業コースをはじめ、オフィスビジネスコース、機械加工コース、プレス溶接加工コース、樹脂加工コースなど全18種類の豊富なコースを提供しております。また、昨今の新型コロナウイルス感染拡大を受け、Zoom※でのネット受講でも使用できるように、できる限りわかりやすくまとめましたが、対面授業で使用するテキストを想定しているため、内容に不備があることもございます。その点、ご理解をいただければと思います。

本書では新入社員研修の内容をご理解いただき、日本の将来を背負う新入社員の教育に役立てていただければ幸いです。

最後に、本書の刊行に際して、ご多忙にもかかわらずご協力をいただいたご執筆者の方々に心から御礼申し上げます。

2021年3月
職業訓練法人　H&A

※Zoomは、パソコンやスマートフォンを使って、セミナーやミーティングをオンラインで開催するために開発されたアプリです。

◇ 目次

第１章　人事・労務業務の全体像

第２章　募集・採用と雇用契約

第3章　労働時間と休日・休暇の管理

第６章 社員の健康管理と安全配慮義務

第７章 妊娠・出産、育児・介護との両立支援

第8章　懲戒と問題社員対応

第9章　その他労働者の人事労務管理

第10章　労働契約の終了

第 1 章

人事・労務業務の全体像

01 人事労務管理の意義・役割

１．人事労務管理の意義

会社経営において、「ヒト」「モノ」「カネ」「情報」の４つが重要な経営資源だといわれています。会社は外部から「ヒト」「モノ」「カネ」「情報」を調達し、内部においてこれらを製品やサービスに変換し、外部に提供するという一連の活動を行っているからです。

その中で、特に重要な経営資源である「ヒト」を活かすための管理活動が「人事労務管理」であり、その管理活動を中心的に行うのが人事労務担当者の業務ということになります。

「モノ」「情報」が溢れ、新しいアイデアやイノベーションが莫大な「カネ」を生む現代においては、会社経営の将来を左右するのが「ヒト」であるといっても過言ではありません。そんな「ヒト」の働き方に対する価値観が多様化する中、いかに社員一人一人の仕事や会社に対するエンゲージメントを高め、組織としてのパフォーマンスを最大化するかということも、人事労務が取り組む課題です。

また、企業防衛の点からも、ひとたび長時間労働やハラスメントといった問題が発生すると、会社の社会的評価は地に落ち、社会から選ばれない存在となってしまうリスクがあります。人事労務管理の担当者は、労働法規の知識を基に、適正な対応・行動を行い、法令遵守(コンプライアンス)を重視し、企業の信頼を高めることを目的とした労務管理を行うことも求められています。

２．会社経営における「ヒト」のサイクル

会社は外部（労働市場）より人を採用し、社内の部署に配置し、その部署と個人に割り当てられた職務を遂行させます。職務遂行の結果に対し毎月の給与を支給します。また、人事評価を実施し業務実績や職務遂行能力を把握し、賞与の支給、昇格・昇進を決定します。さらに、職務遂行能力を高めるために、業務内外で人材の育成を行います。人事労務管理はこのサイクルを最適に回し、課題があれば改善し、「ヒト」という経営資源を最大限に活用する役割を担います（図表 1-1 参照)。

３．人事労務管理業務の内容

人事労務管理の担当者は日々の定型的な業務から、季節的な業務、従業員の個別事情に応じた業務まで、多岐にわたる業務を担うことになります。以下では、主な人事労務担当者の業務内容を紹介します。

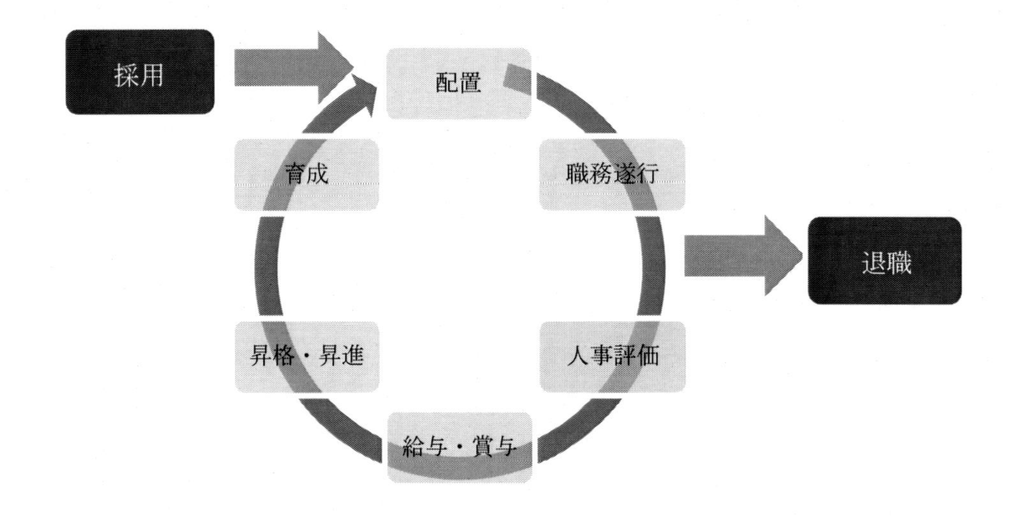

図表 1-1：会社経営における「ヒト」のサイクル

（1）採用業務

会社に必要な人材を労働市場より獲得する業務です。採用計画の立案、募集要項の作成、説明会の実施、応募者管理、採用試験の実施、採用・不採用の通知、雇用契約の締結などを行います。

（2）給与計算・手続業務

雇用している従業員の毎月の給与を計算したり、労働保険・社会保険に関する手続を行ったりします。労働時間の集計、給与・賞与の計算、各種保険の資格取得手続、給付申請手続、労働保険料の計算・申告納付などを行います。

（3）人材育成・社内研修

雇用する人材に対して、知識・技能の習得を促す、あるいは、コンプライアンスやリーダシップなどの働く上での意識を高めるための研修を計画し実施します。

具体的には、新入社員研修、階層別研修、評価者研修、管理職研修、ハラスメント研修などを行います。

（4）就業規則、社内規程類の整備

就業規則をはじめとした社内規程の作成・改定や人事関連の社内文書などを作成します。特に就業規則は社内的なルールの変更がない場合でも、法令改正や判例等による外部環境の影響を受けるため、改定の必要がないか人事労務担当者はアンテナを張っておく必要があります。

（5）人事評価制度の策定・運用

自社の人的資源のパフォーマンスを最大限に発揮するために人事評価制度を刷新したり、

改定したりする業務です。また、現在の人事評価制度の運用も行います。

（６）安全・衛生管理

健康診断やストレスチェックの実施、安全管理体制の整備を行い従業員の健康と職場の安全・衛生を管理します。また、ハラスメントなどの問題に対応する相談窓口を設置します。

（７）労使紛争の予防・解決

会社の法令違反がないか、あるいは今後労使紛争の原因になりそうな点がないかチェックします。また、会社と個々の従業員との間で生じた個別労使紛争の解決に向けた対応を行います。

02 人事労務管理と法律

1．労働基準法と労働契約法

人事労務管理において必ず押さえておかなければならない法律は、労働基準法と労働契約法です。似たような名前の法律ですが、その性格は全く異なります。

労働基準法は、労働条件の最低基準を刑罰・罰則付きで定め、それを実行させる仕組みをつくる行政刑法的な性格の法律です。犯罪の種類や要件が規定され、その違反を警察官が取り締まる刑法と似ています。

一方、労働契約法は、会社と労働者の、労働契約に関する民事的なルールを定めたものなので、罰則などはありません。しかし、個別労使紛争が生じた場合の司法判断の根拠となります（図表 1-2 参照）。

2．労働基準法の役割

労働契約（雇用契約）については、民法で次のように定められています。

第 623 条　雇用は、当事者の一方が相手方に対して労働に従事することを約し、相手方がこれに対してその報酬を与えることを約することによって、その効力を生ずる。

図表 1-2：労働基準法と労働契約法の関係

民法が規定するように、本来労働契約は個人の合意により自由に締結できるものです。しかし、実際は会社と労働者の間には歴然とした情報格差が存在し、完全に自由に任せた状態で労働契約の締結を認めてしまうと、労働者にとって著しく不合理な条件での契約を認めてしまうことにもなりかねません。

労働基準法は労働条件の最低基準を罰則付きで定めるとともに、その履行を確保するため、不当に低い労働条件での契約を取り締まる法律です。そして、労働基準法にはその実効性を確保するために、下記の枠組みが備えられています。

（1）私法上の効力の発生

労働基準法に違反する労働契約を締結した場合、どうなるでしょうか。労働基準法には次のように定められています。

> 第 13 条　この法律で定める基準に達しない労働条件を定める労働契約は、その部分については無効とする。この場合において、無効となつた部分は、この法律で定める基準による。

本来労働契約は、当事者の合意によって自由にその内容を決めることができます（私的自治の原則）。しかし、労働基準法の定める条件を下回るような労働契約に対しては、その部分について無効とするだけでなく、無効となった部分は労働基準法の最低基準の内容で補完します。したがって、当事者が了解の上決定した条件であっても、労働基準法に違反するものは認められず、強制的に最低基準の労働条件で労働契約が成立（私法上の効力が発生）することになります。

（２）罰則による履行確保

労働基準法は、ほぼ全ての規定に対して違反行為に対する罰則を定めることで、その内容の履行を図っています。罰則の内容と代表的な違反行為は下表のとおりです。

罰則の内容	違反行為
1年以上10年以下の懲役又は20万円以上300万円以下の罰金	強制労働をさせた場合（5条違反）
1年以下の懲役又は50万円以下の罰金	中間搾取をした場合（6条違反） 児童を使用した場合（56条違反）
6か月以下の懲役又は30万円以下の罰金	損害賠償額を予定する契約をした場合（16条違反）解雇制限期間中に解雇した場合（19条違反） 36協定を締結せず時間外労働をさせた場合（32条違反） 年次有給休暇を与えない場合（39条違反）
30万円以下の罰金	労働条件明示しない場合（15条違反） 法令や就業規則を周知しない場合（106条違反）

（３）労働基準監督制度

労働基準監督制度は、行政機関による監督等を通じ、法定労働条件の履行確保を図ることを目的としたものです。この制度により、全国各地の労働基準監督署の労働基準監督官が、労働基準法等の法律に基づき、管轄地域の会社の労働条件や安全・健康の確保・改善のために定期的・臨時に監督を実施しています。監督の際は、関係者に尋問したり、各種帳簿、機械・設備等を検査したりします。法律違反が認められれば、事業主等に対し改善を求めたり、行政処分により危険性の高い機械・設備等の使用を禁止する等の職務を行ったりしています。

また、事業主等が重大・悪質な法律違反を犯した場合には、労働基準監督官は、刑事訴訟法に基づき特別司法警察職員として犯罪捜査を行い、検察庁への送検を行います（図表1-3参照）。

３．労働契約法の役割

労働契約法は会社という私人と、労働者という私人の間で締結される労働契約の基本的な理念及び原則や、労働契約に関する民事的なルール等を一つの体系としてまとめたものです。

労働契約法の施行以前は、判例法理により様々な個別労使紛争の判断基準が示されていました。しかし、就業形態の多様化、個別労使紛争の増加などを背景に、個別の労働者及び使用者の労働関係を良好なものとするため、労働契約に関する基本的な事項を明確にした法律の制定が望まれるようになりました。

こうした流れの中で、労働契約の基本原則を定めるとともに、これまで判例によって形成してきた労働契約に関するルールを条文化し誕生したのが労働契約法です。

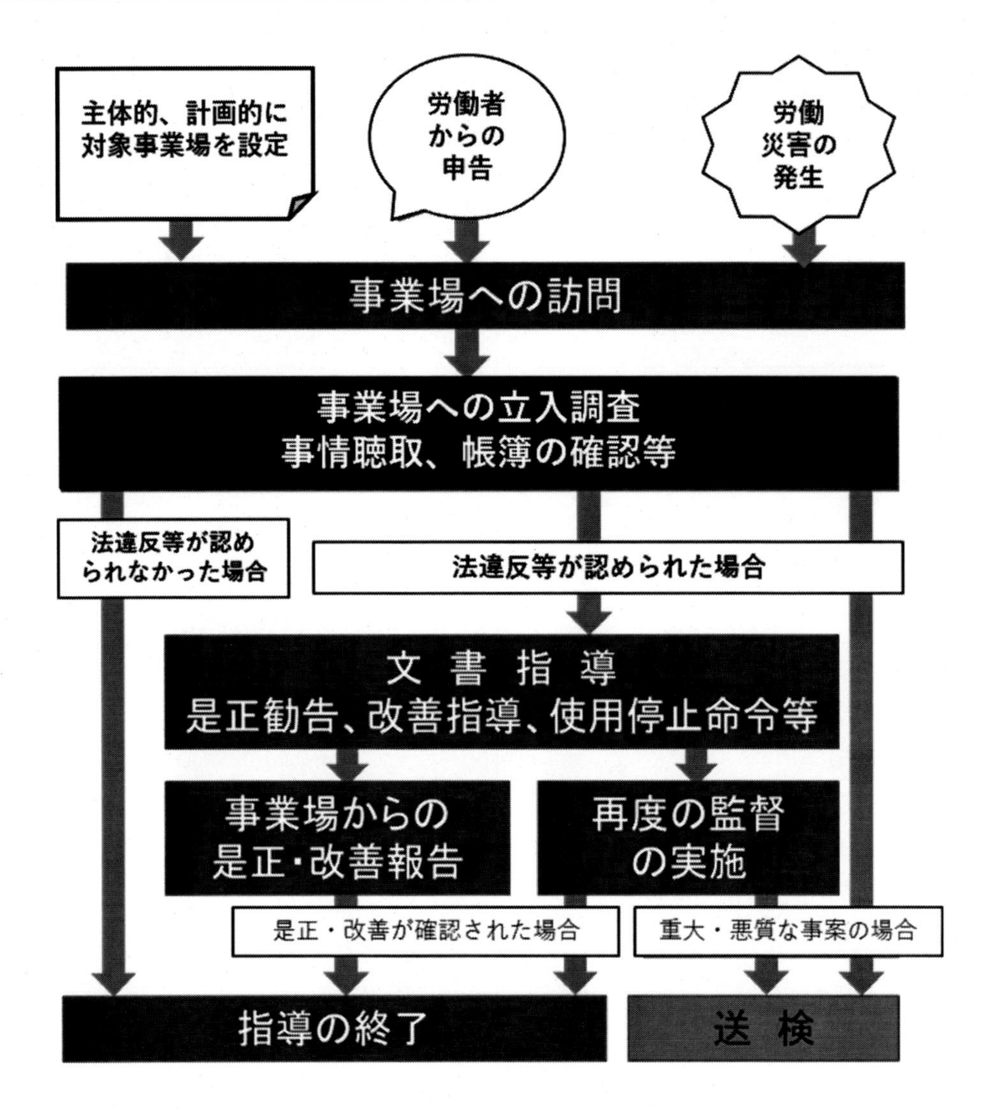

図表 1-3：一般的な監督指導の流れ

労働契約法は、会社と従業員の労働契約にかかわる人事労務管理の業務を行う上で、必ず知っておかなければならない法律です。

4. その他の法律

労働基準法や労働契約法以外にも、人事労務担当者が知っておくべき様々な労働関連法があります（図表 1-4 参照）。なお、これらの労働関連の法律を総称して「労働法」といいます。

名称	概要
最低賃金法	労働基準の中でも重要な賃金についての最低基準を定めた法律
労働安全衛生法	職場の安全と健康を確保し快適な職場環境の形成・促進を目的とする法律
労働者災害補償保険法（労災保険法）	労働者が就業中に災害を被った際の災害補償の保険制度を定めた法律
雇用保険法	労働者が失業した場合や雇用の継続が困難となった場合等、労働者の生活や雇用の安定を目的とする法律
雇用の分野における男女の均等な機会及び待遇の確保等に関する法律（男女雇用機会均等法）	労働者の性別による差別を排し、均等な雇用機会と意欲や能力に応じた待遇が受けられることを目的とする法律
短時間労働者及び有期雇用労働者の雇用管理の改善等に関する法律（パートタイム・有期雇用労働法）	パートタイマー等の非正規労働者について公正な待遇確保を目的とする法律
労働者派遣事業の適正な運営の確保及び派遣労働者の保護等に関する法律（労働者派遣法）	労働者派遣事業の適正な運営と派遣労働者の保護のための法律
障害者雇用促進法	障害者の雇用義務と障害者差別防止について定めた法律
高年齢者等の雇用の安定等に関する法律（高年齢者雇用安定法）	高年齢者の雇用継続等を定めた法律
育児休業、介護休業等育児又は家族介護を行う労働者の福祉に関する法律（育児・介護休業法）	育児や介護を行う労働者が仕事と家庭を両立できるよう、育児休業等を労働者の権利として定めた法律
労働組合法	労働者が使用者と交渉するために労働組合を組織することを保障する法律
労働関係調整法	労働争議の予防や解決について定めた法律

図表 1-4：様々な労働関連法

03 就業規則

1．就業規則の意義

労働契約を締結する際に、雇用契約書や労働条件通知書といった書面を作成します。しかし、多岐にわたる労働条件を全てこれらの書面に盛り込むことはできません。そこで、その会社に勤務する全従業員に適用される労働条件を画一的に規定したものが就業規則となります。

就業規則は、労働基準法にその作成・届出義務が規定されています。

> 第89条　常時10人以上の労働者を使用する使用者は、次に掲げる事項について就業規則を作成し、行政官庁に届け出なければならない。〔以下省略〕

このように、就業規則は常時雇用する労働者が10人以上の事業場に対して、作成と届出が義務付けられています。しかし、10人未満の事業場であっても、就業規則が定められていないということは、詳細な労働条件があいまいな状況で労働者を働かせることになり、労使トラブルの原因ともなりかねません。就業規則は、人事労務担当者にとって最も基本となるマニュアルであるという側面もあります。労働者の人数にかかわらず作成することを推奨します。

2．就業規則の記載事項

就業規則に記載すべき事項は、必ず記載しなければならない「絶対的必要記載事項」と、その事業所で定めをする場合に記載しなければならない事項「相対的必要記載事項」、会社独自の約束事などを記述した「任意的記載事項」にわかれます。

絶対的必要記載事項	相対的必要記載事項	任意的記載事項
①　始業及び終業の時刻、休憩時間、休日、休暇並びに交替制の場合には就業時転換に関する事項 ②　賃金の決定、計算及び支払の方法、賃金の締切り及び支払の時期並びに昇給に関する事項 ③　退職に関する事項（解雇の事由を含む）	④　退職手当に関する事項 ⑤　臨時の賃金（賞与）、最低賃金額に関する事項 ⑥　食費、作業用品等の負担に関する事項 ⑦　安全衛生に関する事項 ⑧　職業訓練に関する事項 ⑨　災害補償、業務外の傷病扶助に関する事項 ⑩　表彰、制裁に関する事項 ⑪　その他全労働者に適用される事項	経営理念 服務規律 採用に関する規定 試用期間に関する規定 等

３．就業規則作成・変更の手順

就業規則を作成する場合は、まず現在自社に勤務している従業員に適用されている労働条件を確認します（雇用契約者や日々の勤怠記録、賃金台帳や従業員台帳など）。

また、現状分析を基に方針を決定し、就業規則案・改定案を作成します。法律どおりの規定以外を盛り込む場合は、従業員への説明を見越して、どのような意図でその内容にしたのか覚えを作成しておくとよいでしょう。また、現行の規程を改定する場合は、新旧対照表などを作成し、どの部分が変更になったのかが一目でわかる資料を作成するなどします。

労働基準法では、就業規則の作成・変更の際には従業員代表者への意見聴取が義務付けられています。これは、あくまで意見聴取自体を義務付けているものなので、仮に全面的に反対の意見が出た場合でも手続としては有効となります。

意見聴取の後、意見書と変更後の就業規則を管轄の労働基準監督署に提出します。届出は郵送でも可能です。また、複数の事業所がある会社の場合は、本社を管轄する監督署で一括の届出を行うことも可能です。

就業規則の届出完了後、配布や、各職場への掲示などにより、従業員に周知します。ここでいう「周知」とは、従業員が見たいと思ったときにいつでも閲覧できる状態にしておくことをいい、会社のPCから社内ネットワークにアクセスして閲覧できるような環境を整え、社内ネットワークのどこで閲覧できるかを周知することでもOKです。

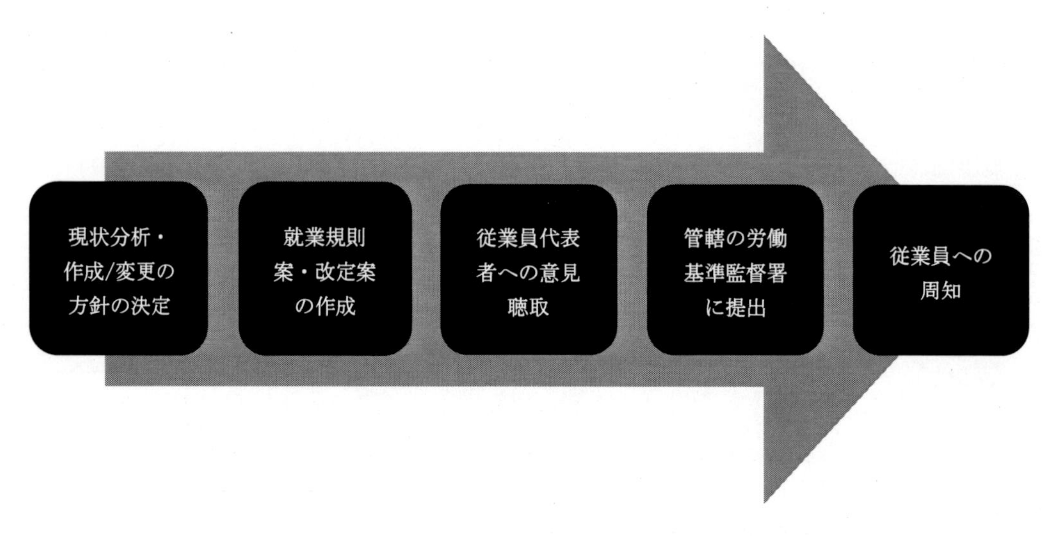

図表 1-5：就業規則作成・変更のフロー

04 労使協定

1. 労使協定とは

労使協定（ろうしきょうてい）とは、労働者（当該事業場に、労働者の過半数で組織する労働組合があるときはその労働組合、労働者の過半数で組織する労働組合がないときは労働者の過半数を代表する者）と使用者との間で締結される、書面による協定のことです。

労使協定を締結することで、労働基準法、育児・介護休業法などに定められた所定の事項について、免罰や法定義務免除の効果を発生させることができます。つまり、法律で規定されている罰則や義務の適用を免れることができるのです。

一方で、労使協定には、労働契約や就業規則のように、私法上の権利義務関係を成立させる効力はなく、また、労働契約のように民事上の権利義務関係を発生させる効力はありません。つまり、労使協定を締結しただけでは労働契約上の権利義務は生じないということです。したがって、例えば、残業を合法的に行う場合は、36協定を締結するだけでなく、就業規則等によって残業を行うことを労働契約の内容として定めておく必要があります。

主な労使協定	届出	有効期限
時間外・休日労働に関する協定	必要	必要
賃金控除に関する協定	不要	不要
1か月単位の変形労働時間制に関する協定	必要（※1）	必要
1年単位の変形労働時間制に関する協定	必要	必要
フレックスタイム制に関する協定	不要	不要
一斉休憩の適用除外に関する協定	不要	不要
事業場外労働に関する協定	必要（※2）	必要
専門業務型裁量労働制に関する協定	必要	必要
企画業務型裁量労働制に関する決議届	必要	必要
計画年休に関する協定	不要	不要
育児休業、時間外免除、短時間勤務の適用除外に関する協定	不要	不要

※1就業規則に規定することでも可
※2みなし時間が1日8時間を超える場合

2．労使協定の締結手続

労使協定は、事業場単位で締結する必要があり、各事業所に所属する従業員の中から代表者を選出してそれぞれと協定を締結する必要があります。その事業場に労働者の過半数で組織する労働組合がある場合は当該労働組合と、労働者の過半数で組織する労働組合がない場合は、労働者の過半数を代表する者（過半数代表者）と締結することになります。

役員などの経営者でなければ、原則従業員の誰でも過半数代表者になることができますが、以下全てに該当する人でなければなりません。

①　労働基準法上の管理監督者でないこと。

②　労使協定などをする者を選出することを明らかにした上で実施される投票、挙手等の方法による手続により選出された者であること。

③　使用者の意向に基づき選出された者でないこと。

過半数代表者の選出は、投票による選挙・信任、従業員の集まる場での挙手による選挙・信任、回覧や電子メールによる信任などの民主的な方法で行われる必要があります。また、正社員だけでなく、パートタイマーなどを含めた全ての従業員が投票に参加できるようにしておく必要があります。労務コンプライアンスの観点からは、議事録や信任表などの記録を残しておくことで、民主的な方法によって選出が行われた事実を客観的に確認できるようにしておくことも大切です。

労使協定についても就業規則と同様、労働者に周知させなければなりません。常時各作業場の見やすい場所へ掲示又は備え付けること、書面を交付すること等の方法により、また要旨のみの周知では足りず、その全部を周知させる必要があります。

また、一部の労使協定については届出義務があります。特に36協定などの更新が必要となるものについては、期限切れにならないよう作成し、届出まで済ませるようにしましょう。

第 2 章

募集・採用と雇用契約

01 募集・採用

1. 採用の自由とその限界

企業には、契約締結の自由が認められており、自己の営業のためにどのような者をどのような条件で雇うかは、原則として自由に決めることができます。例えば、特定の思想、信条を有する者をその故をもって雇い入れなくても、当然、違法とはなりません。

ただし、応募者に広く職業選択のチャンスを与えるために、各種法律により採用においても一定の制限があることに注意が必要です。

例えば、男女雇用機会均等法においては、性別による採用差別を禁止しています。これは、「女性優遇」といったような直接的な表現だけでなく、「カメラマン募集！」といった性別を示す表現や業務に直接関係しない身長、体重又は体力を要件として特定の性別を排除するような表現も認められません。もちろん、採用計画・募集から選考までの全過程において、特定の性別を排除するといった不当な取扱いは認められません。

ただし、守衛・警備員等で防犯上の理由から男性に従事させることが必要な場合のように、特定の性に限定して募集する必要のある職種や、男女の均等な機会・待遇の確保の支障となっている事情を改善するために、一方の性別のみを有利に取扱う措置（いわゆるポジティブ・アクション）などは認められます。

また、雇用対策法では、年齢を採否基準に用いることを禁止しています。年齢ではなく、個々人の能力・適性を判断して募集・採用を行うことで、全ての人に均等に働く機会が与えられることを目的としています。

なお、この規制についても、一定の例外が認められています。その例外については図表 2-1のとおりです。

この他にも、労働組合非加入を雇用の条件にすることの禁止や募集・採用における障害者に対する均等な機会の付与といった点も注意が必要です。

より良い採用選考の為、応募者についてなるべく多くの情報を収集したくなるところですが、採用選考における個人情報の取扱いについて、プライバシー保護の観点から配慮が必要となります。

例外となる場合		例
例外事由1号	定年年齢を上限として、その上限年齢未満の労働者を期間の定めのない労働契約の対象として募集・採用する場合	60歳未満の者を期間の定めのない雇用契約対象として募集・採用（定年が63歳の場合）
例外事由2号	労働基準法その他の法令の規定により年齢制限が設けられている場合	坑内労働に従事する者として18歳以上の者を募集・採用
例外事由3号イ	長期勤続によるキャリア形成を図る観点から、若年者等を期間の定めのない労働契約の対象として募集・採用する場合	新規学卒採用
例外事由3号ロ	技能・ノウハウの継承の観点から、特定の職種において労働者数が相当程度少ない特定の年齢層に限定し、かつ、期間の定めのない労働契約の対象として募集・採用する場合	●●社の電気通信技術者として20歳～39歳を募集・採用（20歳～30歳が少ない場合）
例外事由3号ハ	芸術・芸能の分野における表現の真実性などの要請がある場合	子役等
例外事由3号ニ	60歳以上の高年齢者または特定の年齢層の雇用を促進する施策（国の施策を活用しようとする場合に限る）の対象となる者に限定して募集・採用する場合	60歳以上募集

図表2-1：募集・採用における年齢制限禁止の限界

職業安定法では、求人者等は、本人の同意がある場合や、その他正当な理由がある場合を除いて、業務の目的達成に必要な範囲で求職者の個人情報を収集しなければならず、その情報は、収集の目的の範囲内で保管・使用しなければならないと定めています。

また、同法に基づき策定された行政指針では、「人種、民族、社会的身分、門地、本籍、出生地その他社会的差別の原因となるおそれのある事項」、「思想及び信条」、「労働組合への加入状況」については、原則として収集してはならないとされています（ただし、特別な職業上の必要性が存在すること、またはその他業務上の目的の達成に必要不可欠であって、収集目的を示して本人から収集する場合はこの限りではありません）。

2．求人上の留意点

労働者の募集を行う行為を求人といいます。労働条件の明示には職業安定法上の規則があり、「業務内容」「労働契約期間」「就業場所」「始業・終業時刻、残業の有無、休憩・休日」「賃金額」「社会保険適用の有無」については、必ず明示が必要です。

これらの項目に加え、近年の法改正で「試用期間」「裁量労働制のみなし労働時間」「固定残業代の内訳」「募集者の氏名又は名称」、派遣労働者を雇用する場合においては、「雇用形態を派遣労働者と明示すること」や「受動喫煙防止措置の状況」が追加されています。

また、職業安定法に基づいて定められた指針には、主に次のような事項を遵守するよう定められています。

【職業安定法に基づく省令・指針等の主な内容】

○明示する労働条件は、虚偽又は誇大な内容としてはなりません。

○有期労働契約が試用期間としての性質を持つ場合、試用期間となる有期労働契約期間中の労働条件を明示しなければなりません。また、試用期間と本採用が一つの労働契約であっても、試用期間中の労働条件が本採用後の労働条件と異なる場合は、試用期間中と本採用後のそれぞれの労働条件を明示しなければなりません。

○労働条件の水準、範囲等を可能な限り限定するよう配慮が必要です。

○労働条件は、職場環境を含め可能な限り具体的かつ詳細に明示するよう配慮が必要です。

○明示する労働条件が変更される可能性がある場合はその旨を明示し、実際に変更された場合は速やかに知らせるよう、配慮が必要です。

３．労働条件の通知

労働契約は口頭でも成立するものですが、口約束だけでは労働条件が曖昧になり、会社と労働者の間に認識相違があった場合、トラブルに発展するおそれもあります。そのため、労働基準法では、労働契約の締結の際に、賃金、労働時間などの一定の労働条件について、使用者が労働者に対して明示する義務を定めています（図表 2-2 参照）。

パートタイマーについては、パートタイム労働法において昇給・退職手当及び賞与の有無についても文書による交付が義務付けられています。

労働条件の明示は、「労働条件通知書」や「雇用契約書」といった書面によって行われることが一般的です。通知書と契約書の違いは、通知書が会社からの一方的な労働条件の通知であるのに対し、契約書には労働者の署名・押印があり、その労働条件で合意したことを証明する内容となっています。なお、平成 31 年 4 月 1 日からは、労働者が希望する場合は書面に限らずメールや SNS による労働条件の通知が可能となっています。

<table>
<tr><th colspan="2">明示すべき労働条件</th><th>明示方法</th></tr>
<tr><td>契約期間に関する事項</td><td>労働契約の期間に関する事項</td><td rowspan="6">書面交付</td></tr>
<tr><td>契約更新の基準に関する事項</td><td>期間の定めのある労働契約（有期労働契約）を更新する場合の基準に関する事項</td></tr>
<tr><td>就業場所及び業務に関する事項</td><td>就業の場所及び従事すべき業務に関する事項</td></tr>
<tr><td>労働時間に関する事項</td><td>・始業及び終業の時刻
・所定労働時間を超える労働の有無
・休憩時間
・休日
・休暇
・労働者を2組以上に分けて就業させる場合における就業時点転換に関する事項</td></tr>
<tr><td>退職に関する事項</td><td>退職に関する事項（解雇の事由を含む。）</td></tr>
<tr><td rowspan="3">賃金に関する事項</td><td>・賃金（退職手当及び賞与を除く。以下同じ。）の決定、計算方法
・賃金の支払の方法
・賃金の締切り及び支払の時期</td></tr>
<tr><td>・昇給に関する事項</td><td rowspan="3">口頭でも可</td></tr>
<tr><td>・退職手当の定めが適用される労働者の範囲、退職手当の決定、計算及び支払の方法並びに退職手当の支払の時期に関する事項
・臨時に支払われる賃金（退職手当を除く。）、賞与等及び最低賃金額に関する事項</td></tr>
<tr><td>その他の事項</td><td>・労働者に負担させるべき食費、作業用品その他に関する事項
・安全及び衛生に関する事項
・職業訓練に関する事項
・災害補償及び業務外の傷病扶助に関する事項
・表彰及び制裁に関する事項
・休職に関する事項</td></tr>
</table>

図表 2-2：採用時に明示すべき労働条件

4．採用内定

採用内定の法的性質は、「解約権を留保した就労始期付の労働契約」です。これは、入社までに採用内定通知書等に定めた取消事由が生じた場合には、労働契約を解約することができる旨の合意が含まれていることを意味しています。

図表 2-3：採用内定の法律関係

５．試用期間

採用において入社後一定期間を「試用期間」とし、この間に労働者の人物・能力を評価して本採用するか否かを決定する制度をとるのが一般的です。

引き続き雇用することが適当でないと判断することが、解約権留保の趣旨・目的に照らして客観的に相当であると認められる場合には、留保した解約権を行使することができるというものです。長期雇用を前提としている日本型の雇用において、採用決定後の調査や試用中の勤務状態等により、当初知ることができず、また知ることが期待できないような事実を知るに至るといった場合がありますので、一般的に採用されています。

なお、新規学校卒業者等を定期採用し長期的に育成・活用する日本の「長期雇用システム」においては、新規学校卒業者等の採用は慎重な選考過程を経て行われるので、試用期間中の適性判断は念のためのものとなり、本採用拒否とすることはあまりありません。

「試用」の期間である以上、解約権の行使は通常の場合よりも広い範囲で認められると解されます。ただし、試用期間の趣旨・目的に照らし、客観的に合理的な理由があり、社会通念上相当とされる場合にのみ許されます。

試用期間中の労働者は不安定な地位に置かれることから、その適性を判断するのに必要な合理的な期間を超えた長期の試用期間は、公序良俗に反し、その限りにおいて無効と解されます。

02 労働契約の締結

1. 労働契約とは

労働者を採用するということは、契約を締結することを意味します。この契約を労働契約（雇用契約）といいます。

労働契約は労働者に労務提供の義務（職務専念義務や誠実労働義務）が、使用者に賃金支払の義務を発生させます。逆にいえば、会社には労働者に働いてもらう権利（業務命令権や人事権）が、労働者には会社に賃金を支払ってもらう権利（賃金請求権）が発生しているといえます。

また、これらの基本的な権利義務関係に付随して、安全配慮義務や秘密保持義務などが両者の間に発生していることにも注意が必要です。

図表 2-4：労働契約の内容

2. 労働契約の原則

労働契約は、合意によって成立します。この労働契約の基本的なルールを定めているのが、労働契約法という法律です。労働契約法では、労働契約における基本的な原則を定めています。

①労使対等の原則	労働契約は、労働者及び使用者が対等の立場における合意に基づいて締結し、又は変更すべきものとする。
②均衡考慮の原則	労働契約は、労働者及び使用者が、就業の実態に応じて、均衡を考慮しつつ締結し、又は変更すべきものとする。
③仕事と生活の調和への配慮の原則	労働契約は、労働者及び使用者が仕事と生活の調和にも配慮しつつ締結し、又は変更すべきものとする。
④信義誠実の原則	労働者及び使用者は、労働契約を遵守するとともに、信義に従い誠実に、権利を行使し、及び義務を履行しなければならない。
⑤権利濫用の禁止の原則	労働者及び使用者は、労働契約に基づく権利の行使に当たっては、それを濫用することがあってはならない。

３．契約の成立・変更

労働契約法では、労働契約の変更も合意を原則とします。したがって、使用者が就業規則を一方的に変更することにより労働契約の内容を変更することはできません。

ただし、使用者が「変更後の就業規則を労働者に周知させ」たこと及び「就業規則の変更」が「合理的なものである」ことという要件を満たした場合には、労働契約の変更についての「合意の原則」の例外として、「労働契約の内容である労働条件は、当該変更後の就業規則に定めるところによる」という法的効果が生じさせることが可能です。

03　期間の定めのある労働契約

１．労働契約の期間

（１）契約期間の種類

労働契約の期間については原則３年を超えることができないので注意が必要です。ただし、高度な職務に従事する一部の労働者や満 60 歳以上の高齢者などの場合には、３年を超えた契約期間を定めることが認められています。

（２）契約期間の更新・雇止め

有期労働契約は契約で定められた期間を満了することにより終了となります。しかし、何度も更新を繰り返していたり、更新手続が形がい化していたりして、労働者が今回も更新される

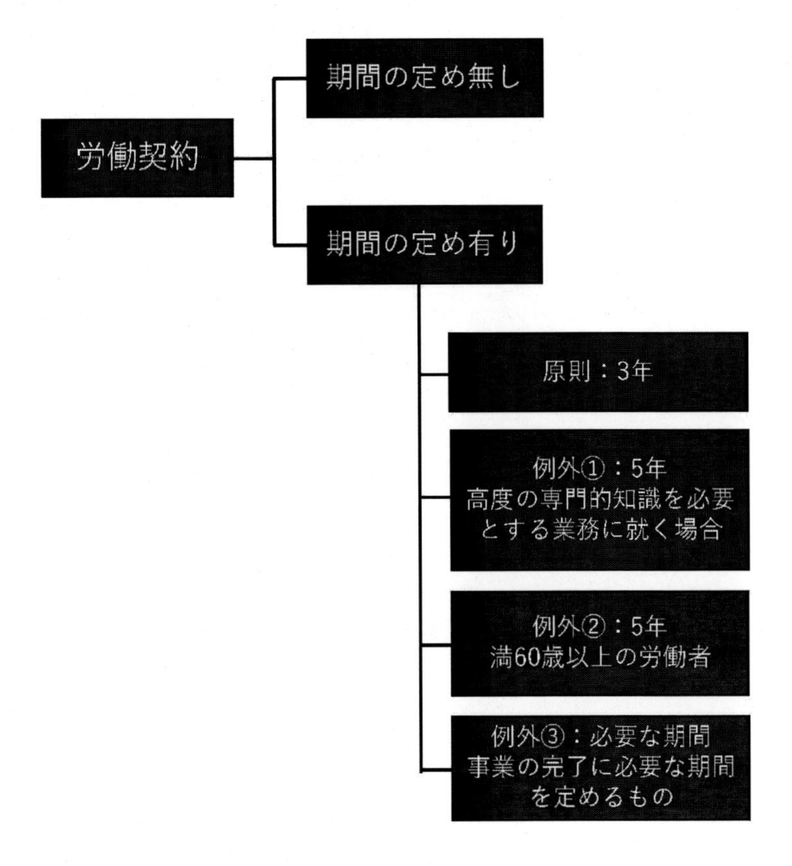

図表 2-5：契約期間の原則と例外

だろうと考えているような場合には、突然更新しない旨を通告された労働者との間で労使紛争に発展するおそれもあります。

有期労働契約の更新を打ち切ることを「雇止め」といい、それが無期契約の解雇と同様と判断される場合や、労働者側が更新を期待する合理的な理由が認められるような場合は、「雇止め無効」と判断されます。

2. 無期転換ルール

同一の使用者との間での有期労働契約が反復更新され通算 5 年を超える場合、労働者からの申し込みがあれば無期契約に転換しなければなりません。会社側はこれを拒むことはできず、申し込みがあった時点で、これを承諾したものとみなされます。

なお、このルールは、契約期間を有期から無期に転換するものなので、無期転換＝正社員転換というわけではありません。したがって、就業規則などで転換後の労働条件についての取り決めがなければ、転換前と同じ労働条件となります。

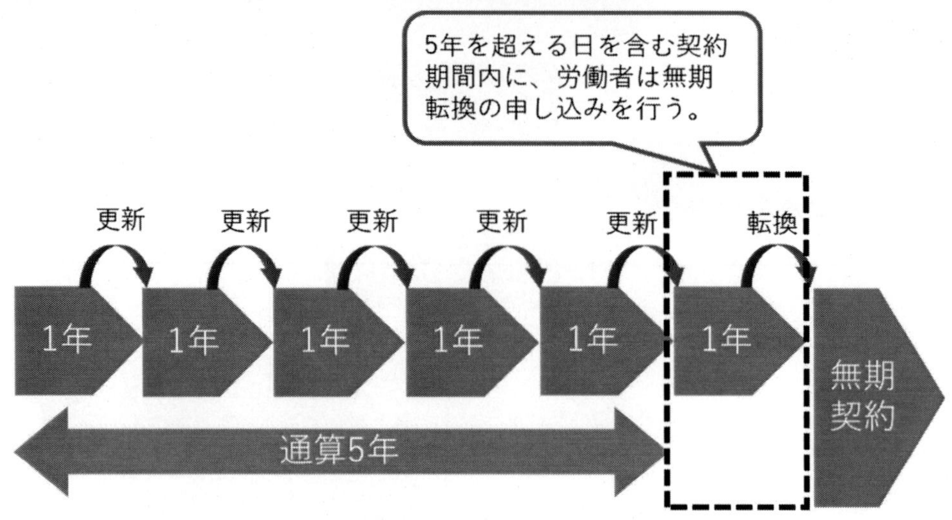

図表 2-6：無期転換の流れ

３．無期転換ルールの特例

なお、定年退職後に継続雇用される高齢者や一定の高度専門職については、その特性に応じた雇用管理に関する特別の措置を講じ、労働局長の認定を受けることで、無期転換の対象外とすることもできます。

04 派遣労働者の受け入れ

１．派遣労働者とは

「派遣」とはどのような雇用形態でしょうか。派遣労働では、労働者は労働契約を結んでいる会社（派遣元）と、指揮命令を受けて実際に働く会社（派遣先）とが異なり、賃金は、派遣元事業主から労働者に支払われます。

このような派遣労働では、雇用主と労働契約を結び、雇用関係と指揮命令関係が同一である直接雇用と違い、雇用関係と指揮命令関係が分離しています。トラブルが発生した場合や、労働条件や就業環境の面で労働者にとって不利益な取扱いがあった場合、派遣元と派遣先との間で責任の所在があいまいになりがちです。派遣元と派遣先の責任の所在については後述します（３．その他の留意事項）。

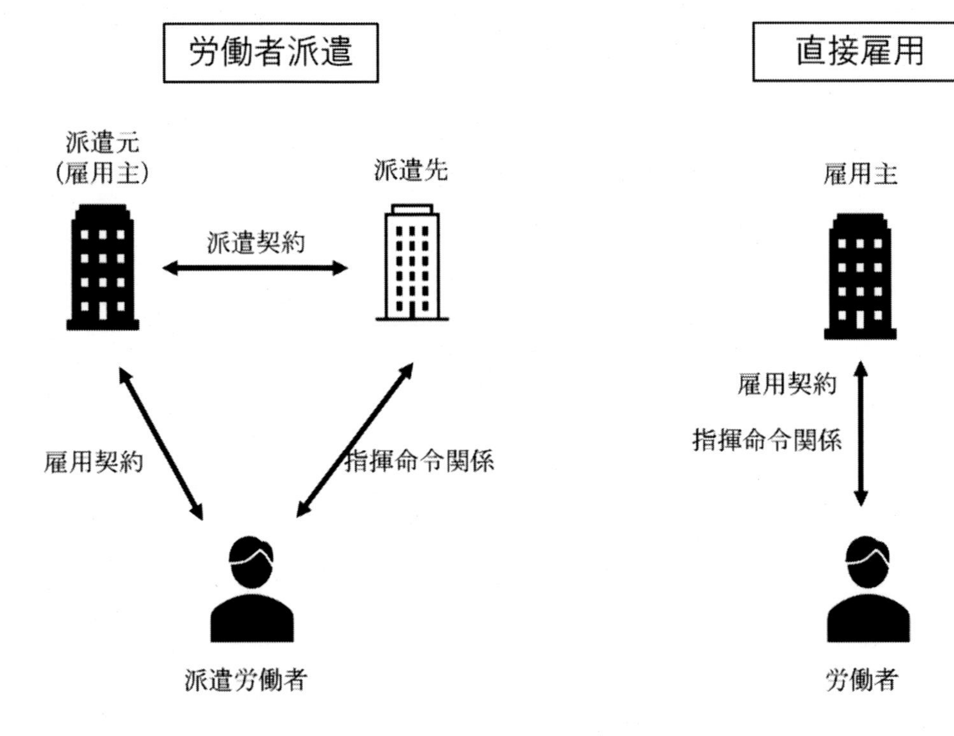

図表 2-7：直接雇用と労働者派遣

なお、派遣元から受け入れた派遣労働者を、さらに、別の会社に派遣して指揮命令を受けさせている場合、二重派遣であり、職業安定法違反となります。また、請負であるにもかかわらず指揮命令をしている場合、偽装請負であり、労働者派遣法違反となります。

2. 派遣期間の制限

派遣労働者の受け入れ期間には、事業所単位の期間制限と個人単位の期間制限があります。

制限の種類	制限の内容
①派遣先の「事業所単位」の期間制限	原　則 同一の派遣先の事業所における、派遣可能期間は３年が限度 例　外 派遣先事業所の過半数労働組合等から意見を聴いた上で、３年を限度として派遣可能期間が延長可
②派遣労働者の「個人単位」の期間制限	上記①の例外によって派遣可能期間が延長された場合でも、派遣先の事業所における同一の組織単位（いわゆる「課」などを想定）で、３年を超えて派遣就業することはできない。

3．その他の留意事項

派遣労働者の労務管理については、派遣元・派遣先のどちらに責任があるのでしょうか。

以下の表のように全てが派遣元・派遣先のいずれかにあるわけではなく、各項目によっていずれかもしくは双方に管理責任が求められています。

遵守事項	派遣元	派遣先
労働基準法関係		
労働契約	○	
賃金	○	
変形労働時間制の定め、協定の締結・届出	○	
36 協定の締結・届出	○	
労働時間・休憩・休日		○
時間外・休日・深夜の割増賃金	○	
年次有給休暇	○	
産前産後休業	○	
産前産後の時間外・休日・深夜業		○
労働安全衛生法関係		
職場の安全衛生確保責務	○	○
総括安全衛生管理者の選任	○	○
安全管理者の選任		○
衛生管理者の選任	○	○
産業医の選任	○	○
安全委員会の設置		○
衛生委員会の設置	○	○
安全衛生教育（雇入時）	○	
一般健康診断・診断結果についての通知・意見聴取	○	
健康診断実施後の作業転換等の措置	○	○
男女雇用機会均等法関係		
募集・採用・配置・昇進・教育訓練・福利厚生・定年退職等における差別禁止	○	○
セクハラ防止のための雇用管理上の配慮	○	○
妊娠中・出産後の健康管理措置	○	○

図表 2-8：派遣元と派遣先の責任区分（主なもの）

05 不合理な待遇格差の禁止

1. 多様な雇用形態

どのような雇用契約を結ぶかは、原則として労使間で自由に決定することができます。

雇用形態（働き方）には様々なものがあり、一般的なものは、正社員やパート・アルバイトなどです。この他に、契約社員、派遣社員、嘱託社員といった雇用形態もあります。近年では、より柔軟な働き方・働かせ方を模索する必要があることから、ワークライフバランスに配慮した、短時間正社員や地域限定正社員などを導入している会社も増えてきています。働き方が多様化する現代においては、個々の会社の状況に応じて、独自でユニークな雇用形態を考えていく必要があります。

なお、これらの雇用形態について、法律上の統一された定義があるわけではありませんが、一般的な内容は下記のとおりです。

雇用形態	内容
正社員	期間の定めのない雇用契約（無期契約）で雇用され、画一的に決められた所定労働時間をフルタイムで働く労働者。企業の中心的な業務に従事し、転勤、配置転換、出向などの対応も求められる。
パート・アルバイト	パートタイム・有期雇用労働法では「１週間の所定労働時間が同一の事業主に雇用される通常の労働者の１週間の所定労働時間に比し短い労働者」を短時間労働者と定義している。 ただし、正社員と同じ時間で働くフルタイムパートなどもあり、時間は正社員と同じでも定型業務や正社員の補助業務に従事し、職責の範囲も限定的な労働者を呼ぶことが多い。
契約社員（有期契約社員）	パートタイム・有期雇用労働法では、「事業主と期間の定めのある雇用契約を締結している労働者」を「有期雇用労働者」とする。つまり、有期契約であれば、パート・アルバイト・嘱託社員等の名称に関係なく同法上の対象となる。

雇用形態	内容
短時間正社員	フルタイムの正社員と比べ所定労働時間が短いが、無期契約で雇用され、時間当たりの基本給及び賞与・退職金等の算定方法等が正社員と同等な労働者を指す。育児や介護などで時間的制約はあるが意欲・能力の高い人材を新たに正社員として確保・活用するために導入される雇用形態。
地域限定正社員	短時間正社員同様、無期契約で雇用され、時間当たりの基本給及び賞与・退職金等の算定方法等が正社員と同等であるが、転勤するエリアが限定されていたり、転居を伴う転勤がなかったり、あるいは転勤が一切ない労働者を指す。
嘱託社員	多くは定年退職後の労働者を再雇用する場合の雇用形態を指す。経験ある高齢者を活用する目的で契約される。
派遣社員	派遣元企業と雇用契約を締結し、派遣先企業の指揮命令に服して働く雇用形態。

図表 2-9：一般的な雇用形態

２．同一労働同一賃金

「1．多様な雇用形態」で見たように、働き方の柔軟化・多様化に伴い、雇用形態も多様化しています。そのような中で、労働者が自分に合った雇用形態を自由に選択できるようになるには、正社員とそれ以外の雇用区分（非正規社員）とで不合理な待遇格差が生じないようにする必要があります。

そこで、2020 年 4 月施行（中小企業については 2021 年 4 月施行）のパートタイム・有期雇用労働法では、短時間・有期契約であることによる不合理な待遇差の禁止を明確化し、非正規社員が正社員との待遇差の内容や理由などについて、事業主に対して説明を求めることができるよう法律が整備されました。

均衡待遇規定	均等待遇規定
職務内容、職務内容・配置の変更範囲、その他の事情の内容を考慮して**不合理な待遇差を禁止** ※職務内容＝業務の内容＋責任の程度	職務内容、職務内容・配置の変更範囲が同じ場合は、**差別的取扱い禁止** ※職務内容＝業務の内容＋責任の程度

また、正社員（無期雇用フルタイム労働者）と非正規社員（短時間労働者・有期雇用労働者・派遣労働者）との間で、待遇差が存在する場合に、不合理であるか否かの原則となる考え方が同一労働同一賃金ガイドライン（短時間・有期雇用労働者及び派遣労働者に対する不合理な待遇の禁止等に関する指針）に示されています。具体例も示されているため、人事労務担当者としてはしっかりと押さえておく必要があるでしょう。

第 3 章

労働時間と休日・休暇の管理

01 労働時間

１．労働時間管理の意義

人事労務の重要な仕事の１つとして、労働時間管理があります。労働時間を管理することは、適正に賃金を支払うために必要なだけでなく、長時間労働が発生している事実などを早期に発見し、社員の健康管理の対策を行う上でも重要です。労働時間管理は、社員が安心して働ける環境を守るという観点から人事労務上の基本となる仕事といえます。

では、そもそも労働時間とは、具体的にどのような時間のことをいうのでしょうか。

最高裁判所の過去の判例では、「労働時間とは、労働者が使用者の指揮命令下に置かれている時間をいう」としています。つまり、労働契約や就業規則等の規定にかかわらず、労働時間は客観的に決まるということです。会社にいる時間であっても、お昼休憩の時間や任意参加の社内クラブでの活動時間などは労働時間とはみなされません。また、しばしば問題になる始業・就業前の準備行為や残業申請なしで行われた残業などは、明確に業務指示が出ていない場合であっても、「黙示の指示」があったとして労働時間と判断される可能性が高いです。労働時間管理の前提として、労働時間とはどのような時間をいうのか正しく理解しておく必要があります。

以下、本章では労働時間に関する様々なルールを確認していきます。

なお、労働時間には、「法定労働時間」「所定労働時間」といった様々な種類があります。人事労務担当者としては、これらの用語の違いをしっかりと理解しておく必要があります。

名称	内容
① 法定労働時間	労働基準法で定められている、労働時間の上限です。この時間を超えて働かせることは原則として違法となります。ただし、36協定を締結することで例外的に法定労働時間を超えて働かせることが可能となります。
② 法定外労働時間	法定労働時間を超えて働かせた時間をいいます。法定外労働時間に対しては、通常の賃金の1.25倍の賃金を支払わなくてはなりません。
③ 所定労働時間	労働契約や就業規則で定められている労働時間です。原則として、法定労働時間を超えた時間を定めることはできません。
④ 所定外労働時間	上記③の時間を超えて働いた時間をいいます。
⑤ 実労働時間	実際に働いた時間です。

2．労働時間の原則

労働基準法は、労働者に休憩時間を除き一週間について40時間、一日について8時間を超えて労働させてはならないと定めており、これに違反した場合は罰則が適用されます。

また、労働者の疲労回復を目的とし、就業時間中の休憩についても、労働時間が6時間を超える場合には45分以上、8時間を超える場合には1時間以上の休憩時間を与えることを義務付けています。ここでいう労働時間は、「実労働時間」なので、例えば所定労働時間が6時間の方が30分残業する場合は、45分の休憩では足りず、追加で15分の休憩が必要となります。なお、休憩は「就業時間中」に与える必要があるため、始業・就業時刻につなげて与えることはできません。

休憩時間は労働からの解放が完全に保障されている時間であるため、自由に利用することができ、会社が休憩時間中の労働者の行動に制約を加えることは禁じられています。休憩時間中の外出を許可制としても、必ずしも違法にはなりませんが、休憩時間の自由利用の観点から、不許可とすることは難しく、労働者の同意を得た上で届出制とすることが望ましいです。

ちなみに、年間の出勤日数と1日の所定労働時間がわかれば、一年間の所定労働時間数を算出することができます。

3．みなし労働時間制と裁量労働制

（1）みなし労働時間制

事業場外みなし労働時間制は、労働者が事業場外で労働し、具体的な指揮命令が及ばないために労働時間の把握が困難な場合に、その事業場外での労働については、実労働時間にかかわらず、あらかじめ定められた一定の時間、労働したものとみなす制度をいいます。営業職などで適用されることが多い制度ですが、外回りの仕事であれば全て認められるというわけではなく、次のような場合は認められません。

認められない場合
何人かのグループで事業場外労働に従事する場合で、そのメンバーの中に労働時間の管理をする者がいる場合
無線や、ポケットベル等によって随時使用者の指示を受けながら労働している場合
事業場において、訪問先、帰社時刻等当日の業務の具体的指示を受けたのち、事業場外で指示どおりに業務に従事し、その後事業場に戻る場合

（２）専門業務型裁量労働制

クリエイティブな仕事や専門性の高い仕事など、業務の性質上労働時間管理になじまず、労働者の裁量にゆだねた方がいい業務については、労働時間管理を労働者の裁量に任せ実際の労働時間にかかわらず、労使協定であらかじめ定めた時間、労働したものとみなす制度が、専門業務型裁量労働制です。対象業務は限定されており、任意に決めることはできません。

対象業務
①　新商品若しくは新技術の研究開発又は人文科学若しくは自然科学に関する研究の業務
②　情報処理システム（電子計算機を使用して行う情報処理を目的として複数の要素が組み合わされた体系であってプログラムの設計の基本となるものをいう。⑦において同じ。）の分析又は設計の業務
③　新聞若しくは出版の事業における記事の取材若しくは編集の業務又は放送番組若しくは有線ラジオ放送若しくは有線テレビジョン放送の放送番組（以下「放送番組」と総称する。）の制作のための取材若しくは編集の業務
④　衣服、室内装飾、工業製品、広告等の新たなデザインの考案の業務
⑤　放送番組、映画等の制作の事業におけるプロデューサー又はディレクターの業務
⑥　広告、宣伝等における商品等の内容、特長等に係る文章の案の考案の業務（いわゆるコピーライターの業務）
⑦　事業運営において情報処理システムを活用するための問題点の把握又はそれを活用するための方法に関する考案若しくは助言の業務（いわゆるシステムコンサルタントの業務）
⑧　建築物内における照明器具、家具等の配置に関する考案、表現又は助言の業務（いわゆるインテリアコーディネーターの業務）
⑨　ゲーム用ソフトウェアの創作の業務
⑩　有価証券市場における相場等の動向又は有価証券の価値等の分析、評価又はこれに基づく投資に関する助言の業務（いわゆる証券アナリストの業務）
⑪　金融工学等の知識を用いて行う金融商品の開発の業務
⑫　大学における教授研究の業務（主として研究に従事するものに限る。）
⑬　公認会計士の業務
⑭　弁護士の業務
⑮　建築士（一級建築士、二級建築士及び木造建築士）の業務
⑯　不動産鑑定士の業務
⑰　弁理士の業務
⑱　税理士の業務
⑲　中小企業診断士の業務

労使協定で定めるべき事項
①　対象とする業務
②　対象となる業務遂行の手段や方法、時間配分等に関し労働者に具体的な指示をしないこと
③　労働時間としてみなす時間
④　対象となる労働者からの苦情の処理のため実施する措置の具体的内容
⑤　対象となる労働者の労働時間の状況に応じて実施する健康・福祉を確保するための措置の具体的内容
⑥　協定の有効期間（3年以内とすることが望ましい。）
⑦　④及び⑤に関し労働者ごとに講じた措置の記録を協定の有効期間及びその期間満了後3年間保存すること

（3）企画業務型裁量労働制

事業運営上の重要な決定が行われる企業の本社などにおいて企画、立案、調査及び分析を行う一定範囲のホワイトカラー労働者を対象として、事業活動の中枢にある労働者が自らの知識、技術や創造的な能力を活かし、労働時間にとらわれず仕事の進め方や時間配分に関し主体性をもって働ける制度です。

専門業務型と比較して、導入の要件が厳格になっており、労働者を代表する委員と使用者を代表する委員で構成される労使委員会を開き、5 分の 4 以上の多数による議決が必要になります。

労使委員会で決議すべき事項
①　対象となる業務の具体的な範囲（「経営状態・経営環境等について調査及び分析を行い、経営に関する計画を策定する業務」など）
②　対象労働者の具体的な範囲（「大学の学部を卒業して5年以上の職務経験、主任（職能資格○級）以上の労働者」など）
③　労働したものとみなす時間
④　使用者が対象となる労働者の勤務状況に応じて実施する健康及び福祉を確保するための措置の具体的内容(「代償休日又は特別な休暇を付与すること」など)
⑤　苦情の処理のため措置の具体的内容（「対象となる労働者からの苦情の申出の窓口及び担当者、取扱う苦情の範囲」など）
⑥　本制度の適用について労働者本人の同意を得なければならないこと及び不同意の労働者に対し不利益取扱いをしてはならないこと
⑦　決議の有効期間（3年以内とすることが望ましい。）
⑧　企画業務型裁量労働制の実施状況に係る記録を保存すること(決議の有効期間中及びその満了後3年間)

4．変形労働時間制とフレックスタイム制

（1）変形労働時間制

会社部署や職種などによっては、1か月や1年などの中で繁閑に差がある場合があります。変形労働時間制を採用することによって、事業の繁閑に合わせて労働時間を調整することができます。

変形労働時間制には、1か月単位の変形労働時間制、1年単位の変形労働時間制、1週間単位の非定型的変形労働時間制、フレックスタイム制があります。

種類	概要	労働時間	手続
1か月単位	1か月以内の期間を平均して、法定労働時間を超えない範囲で、特定の・週で法定労働時間を超えて労働させることができる制度。対象業務や対象労働者に関する制限はない。	1か月以内の期間・期間内の総労働時間を定め、その枠内で働く（いずれも期間終了時に週当たり40時間を超える分は法定時間外労働となる）。	対象期間における各日・週の労働時間等を定めた労使協定（労基署へ届出が必要）または就業規則による。
1年単位	1か月を超え、1年以内の期間を平均して、法定労働時間を超えない範囲で、特定の日・週で法定労働時間を超えて労働させることができる制度。対象業務や対象労働者に関する制限はない。	1か月を超え、1年以内の期間・期間内の総労働時間を定め、その枠内で働く（いずれも期間終了時に週当たり40時間を超える分は法定時間外労働となる）。	対象期間における労働日、労働日ごとの労働時間等を定めた労使協定による（労使協定は労基署へ届出が必要）。 ※労使協定で定める各日の労働時間は10時間を超えてはならず、各週では、52時間を超えてはならない。また、対象期間が3か月を超える場合の所定労働日数の限度は原則として1年当たり280日。さらに労使協定で定める労働日は連続6日が限度。
1週間単位非定型的変形労働時間制	常時使用する労働者が30人未満の小売業、旅館、料理店及び飲食店のみ。	1週40時間以内の範囲で、1日10時間を上限として、その枠内で働く。	労使協定による（労使協定は労基署へ届出が必要）。 ※少なくとも当該1週間の開始する前に、労働者に書面により各日の労働時間を通知しなければならない。

（2）フレックスタイム制

フレックスタイム制は、労働者が日々の始業・終業時刻、労働時間を自ら決めることによって、生活と業務との調和を図りながら効率的に働くことができる制度です。この制度を利用すれば、より柔軟な働き方が可能となります。

導入には、就業規則等への規定と労使協定の締結が必要です。労使協定の監督署への届出は清算期間が1か月以内の場合は不要です。

労使協定で定めるべき事項
① 対象となる労働者の範囲
② 清算期間
③ 清算期間における総労働時間（清算期間における所定労働時間）
④ 標準となる1日の労働時間
⑤ コアタイムとフレキシブルタイム（※任意）

フレックスタイム制を導入した場合には、時間外労働に関する取扱いや賃金の支払に注意が必要です。

5. 高度プロフェッショナル制度

高度プロフェッショナル制度は、高度の専門的知識等を有し、職務の範囲が明確で一定の年収要件を満たす労働者を対象として、労働基準法に定められた労働時間、休憩、休日及び深夜の割増賃金に関する規定を適用しない制度です。

この制度には、長時間労働を防止する健康確保措置（年間104日以上の休日確保措置や健康管理時間の状況に応じた健康・福祉確保措置等）を講ずることが必要です。また、労使委員会の決議及び労働者本人の同意を前提としています。

02 休日

1. 休日とは

休日とは、労働の義務を負わない日のことをいいます。労働基準法では、毎週少なくとも1日は週休を与えなくてはならないとされています。これを法定休日といいます。

現在では、週休2日制を採用している会社が多いですが、法律上はあくまで一週間に1日の休日取得が義務となります。したがって、週休2日のうちの一方が「法定休日」であり、もう一方を「所定休日」といいます。どの曜日を休日にするかについては、法律上義務付けられていませんが、休日労働の場合の割増賃金の計算などにも関係してくるため、就業規則などで明確に規定しておくとよいでしょう。

また休日は社員一斉に取る必要はなく、各社員の休日を異なる日に指定し、シフトなどで満遍なく出勤日を定めれば年中無休で営業することも可能です。

2. 代休と休日の振替

本来休日であった日を事前に労働日に変更し、その代わりに別日を休日とすることを「休日の振替」といいます。これとよく似ているものに、「代休」があります。代休は、休日を休日のままで労働させた際に、その代償措置として、休日労働日後の特定の労働日の労働義務を免除するというものです。

このように、休日振替と代休は一見するとよく似ていますが、その効果の点で違いがあります。休日振替は事前に休日が労働日に変更されているため、この日の労働は休日労働になりませんが、代休の場合は、休日を休日のままで労働させるため、その労働に対しては休日労働としての割増賃金が発生します。

本来の予定

日	月	火	水	木	金	土
法定休日	労働日	労働日	労働日	労働日	労働日	所定休日

休日の振替

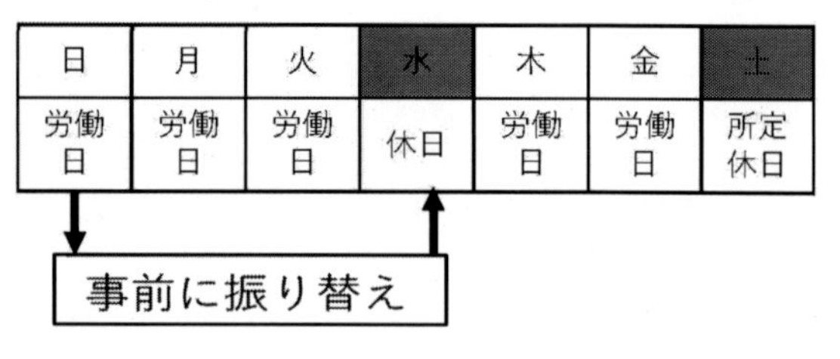

日	月	火	水	木	金	土
労働日	労働日	労働日	休日	労働日	労働日	所定休日

代休

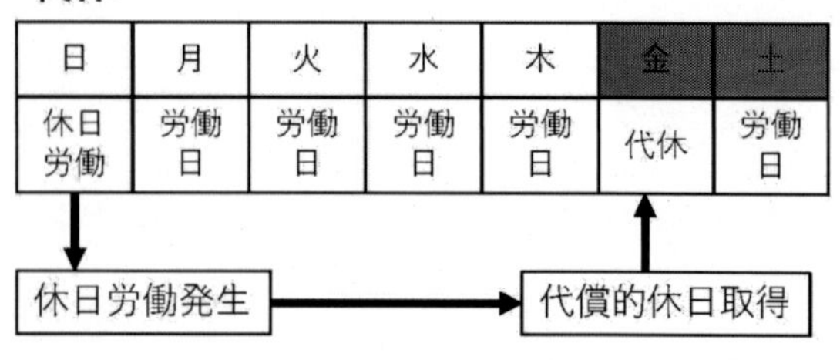

日	月	火	水	木	金	土
休日労働	労働日	労働日	労働日	労働日	代休	労働日

図表3-1：休日の振替と代休

03 休暇と休業

1. 年次有給休暇

継続して勤務を続けることで、身体面・精神面に疲労が蓄積されていきます。このような、労働者の身体的・精神的疲労の回復のために、一定の条件を満たす労働者については、給与を受け取る権利を保障した上で労働の義務を免除する年次有給休暇（以下「年休」といいます）が付与されます。年休は労働基準法に定められた社員の権利であり、一方で事業主に対しても、社員に対して年休を取得させせることが義務付けられています。

2019 年 4 月からは労働基準法が改正され、年 10 日以上の年休が発生する社員に対して、最低 5 日の年休取得が事業主の責任として罰則をもって義務化されました。

また、各従業員が何日の年休を保有しているか把握するため、時季、日数及び基準日を労働者ごとに明らかにした年次有給休暇管理簿を作成して、3 年間保存しなければなりません。

年休は、入社後 6 か月間継続勤務し、全労働日の 8 割以上出勤した場合に、初回の 10 日が付与されます。2 年目以降は、初回の付与日を基準日として毎年付与され、勤続年数に応じて付与日数も増えていきます。パートタイマーなどの出勤時間や日数が少ない労働者についても、比例的に付与されることになります。なお、年休権の時効は 2 年なので、付与から 2 年経過すると権利が消滅してしまいます。

週所定労働時間/日数		1年間の所定労働日数	雇入れ日から起算した継続勤務期間（年）						
			0.5	1.5	2.5	3.5	4.5	5.5	6.5～
30時間以上			10	11	12	14	16	18	20
30時間未満	5日	217日以上	10	11	12	14	16	18	20
	4日	169～216日	7	8	9	10	12	13	15
	3日	121～168日	5	6	6	8	9	10	11
	2日	73～120日	3	4	4	5	6	6	7
	1日	48～72日	1	2	2	2	3	3	3

図表 3-2：年休の付与日数

（１）時季指定権と時季変更権

このように、年休の権利は要件に該当する労働者に対して、基準日に法律上当然に発生するものとなっています。したがって、労働者からの請求がなかったとしても、年休の権利は発生していることになります。発生した年休権をいつ行使するか、具体的にどの日に年休を取得するか指定することを時季の指定といい、原則として労働者には請求した時季に年休を取得する時季指定権が認められます。これに対し、会社としては請求された時季に年休を与えることが事業の正常な運営を妨げる場合のみ、他の時季に取得日を変更させることができるとされます。これを時季変更権といいます。

（２）半休と時間単位年休

年休は労働者の休養やリフレッシュを趣旨とする休みであるため、その取得の最小単位は原則１労働日とされています。しかし、国の通達において、「使用者は労働者に年次有給休暇を半日単位で付与する義務はないが、労働者の請求で使用者が任意に与える限りは半日単位でも差し支えない」しており、一般的に年休の半日単位での取得は多くの会社で認められています。

また、ワークライフバランスの観点から、より年休を柔軟に活用できる方法として、時間単位での取得も認められています。時間単位取得については労働基準法に要件が規定されており、必要事項を定めた労使協定を締結する必要があります。

労使協定で定めるべき事項
①　時間単位年休を与える労働者の範囲
②　時間単位で与えることができる年休の日数（５日以内に限る）
③　時間単位で与える年休１日の時間数
④　１時間以外の時間を単位として年休を与える場合はその時間数（所定労働時間未満の時間とする）

（３）計画的付与と時季指定義務

年休は本来、労働者各人の自由な意思に基づく使用目的と時季の指定によって取得されるものです。したがって、その取得について会社が指定することはできません。

しかし多くの職場では、上司や同僚、職場の雰囲気に気兼ねし、特に年休を取得する用事もないなどの理由から、年休の取得が進まないことが指摘されています。そこで年休の取得率を上げるために導入されたのが、年次有給休暇の計画的付与という制度です。この制度は、年休のうち５日を超える分について、労使協定を締結することで、協定に基づいた方法で計画的に休暇取得日を決めることができる制度です。

なお、計画的付与の対象となった日については、労働者の時季指定権や会社の時季変更権は行使できなくなるため、計画どおりに年休を取得しなければなりません。

労使協定で定めるべき事項
①　計画的付与の対象となる（あるいは対象から除く）労働者の範囲
②　対象となる年休の日数
③　計画的付与の具体的な方法
④　対象となる年次有給休暇を持たない者の扱い
⑤　計画的付与日の変更

計画的付与の取得方法としては、会社もしくは事業場全体の休業による一斉付与方法、班・グループ別の交替制付与方法、年次有給休暇付与計画表による個人別付与方法などがありますが、事業場ごとの事情に合わせて柔軟な取得方法を検討することができます。

（４）年休取得時の賃金

年休は「有給」の休暇なので、休んでも賃金が支給されます。では、年休を取得した日の賃金はどのように計算されるのでしょうか。次の３つの方法の中から１つを採用します。

支払方法	内容
①通常の賃金	労働者が「通常の就業時間だけ労働した」と仮定した場合の１日当たりの賃金
②　平均賃金	過去３か月間に支払った賃金を合計し、それを日数で割って算出した賃金
③健康保険の標準報酬日額	健康保険が定めた基準により算出される賃金

どの計算方法を選ぶ場合でも、あらかじめ就業規則に定めておく必要があります。

（５）年休の買い取り

年休の本来の趣旨は、労働者の心身の疲労を回復させ、労働力の維持培養を図ることですから、「休ませること」が法の趣旨です。したがって、労働者が望んだ場合でも、年休を買い取ることは違法となります。

ただし、例外的に次の場合に限り、買い取りが認められます。

①　時効により消滅する年休の買い取り

②　退職の際に消化できない年休の買い取り

③　法定日数を超えて会社独自に付与している年休の買い取り

２．法定休業

年休以外でも、労働者からの請求があれば確保しなければならない休業・休暇があります。いずれの場合も法は休業・休暇を与えることを会社に義務付けているのであって、ノーワーク・ノーペイの原則から、賃金を支払う必要はありません。

休業・休暇の種類	内容
生理休暇	使用者は、生理日の就業が著しく困難な女性が休暇を請求したときは、その者を生理日に就業させてはならない。
産前産後休業	女性労働者が請求すれば出産予定日の６週間（多胎妊娠の場合は14週間）前から取得可能。産後は８週間の就業禁止（ただし、産後６週間後は労働者が請求し医師が認めれば就業可能）。
母性保護のための通院等の時間確保	事業主は女性労働者が妊産婦のための保健指導又は健康診査を受診するために必要な時間を確保しなければならない。
育児休業	原則、子が１歳（保育所に入所できない等の理由がある場合は１歳６か月、それでも保育所に入所できない等の理由がある場合は再延長で２歳。）に達する日まで養育する期間として取得可能。
介護休業	要介護状態にある対象家族を介護するための休業。対象家族１人につき、通算93日・３回を上限として取得可能。
子の看護休暇	小学校就学の始期に達するまでの子を養育する労働者は、１年に５日（子が２人以上の場合は10日）まで、子の看護や予防接種、健康診断を受けさせるなどの目的で取得可能。

３．特別休暇

有給か無給を問わず、会社が任意に定めることのできる休暇です。就業規則などに規定して会社独自の休暇制度を設けることができます。慶弔休暇が代表的ですが、それに加え、労働者個々の事情に配慮した休暇制度を設けることで、生産性の向上、従業員のキャリアアップ、定着率の改善等につながります。

代表的な特別休暇の例
・病気療養休暇・ボランティア休暇・リフレッシュ休暇 ・裁判員休暇・慶弔休暇・自己啓発休暇・失恋休暇 ・不妊治療休暇・誕生日休暇

04 時間外労働と割増賃金

1. 時間外労働に関する規制

労働時間の原則である、1日8時間・1週40時間を超えて働く場合や毎週少なくとも1回与えることとされている「法定休日」に働く場合、労使協定を締結して届け出る必要があります。この労使協定の手続が労働基準法36条に規定されていることから、俗に36（サブロク）協定と呼ばれています。

ただし、労働時間については2019年4月（中小企業は2020年4月）より労働基準法の改正がなされ、従来は青天井と呼ばれていた時間外労働について、法律を根拠とした上限規制が設けられました。

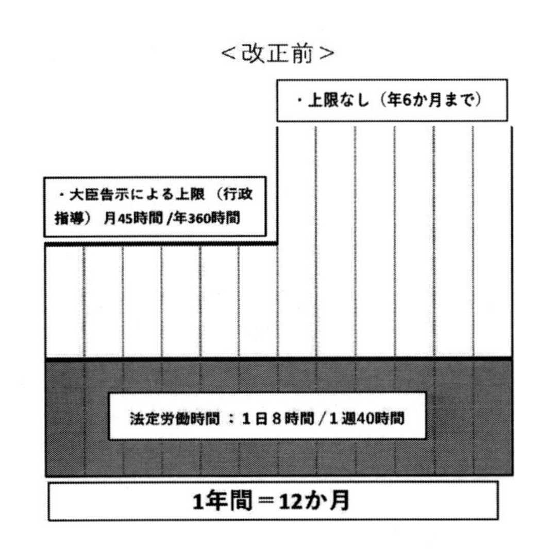

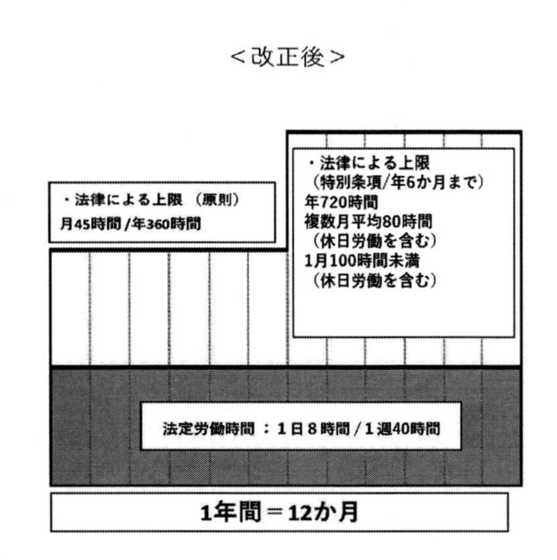

図表3-3：時間外労働上限規制

2. 割増賃金

長時間の労働を抑制する狙いから、時間外労働や休日労働をさせた使用者は、通常よりも割増賃金を支給しなければなりません。いわゆる「時間外労働手当」や「残業代」といったものです。割増賃金を正しく計算するためにも、時間外労働の時間を正しく把握しておかなければなりません。割増賃金について詳しくは第4章をご参照ください。

05 管理監督者の労働時間管理

1．管理監督者とは

「名ばかり管理職」という言葉を聞いたことはありますか？会社で部長や課長といった立場の社員については、「管理職」と呼ばれます。そして、管理職は、役職手当を支給するものの残業代は支給されない、といった運用をしている会社も少なくありません。

これは、労働基準法が、「事業の種類にかかわらず監督若しくは管理の地位にある者（管理監督者）又は機密の事務を取扱う者」は、労働基準法で定める労働時間、休憩、休日に関する規定を適用しない」と規定していることによります。

しかし、そのような地位が与えられている社員でも、労働基準法の「管理監督者」に当てはまらない場合がほとんどです。労働基準法上の管理監督者であるか否かは、具体的には下記の3点で判断することができます。

① 経営者と一体的な立場で仕事をしている
② 出社、退社や勤務時間について厳格な制限を受けていない
③ その地位にふさわしい待遇がなされている

より具体的には、次の観点から検討する必要があります。

① **労働時間、休憩、休日等に関する規制の枠を超えて活動せざるを得ない重要な職務内容を有していること**	労働条件の決定その他労務管理について、経営者と一体的な立場にあり、労働時間等の規制の枠を超えて活動せざるを得ない重要な職務内容を有していることを意味します。
② **労働時間、休憩、休日等に関する規制の枠を超えて活動せざるを得ない重要な責任と権限を有していること**	労働条件の決定その他労務管理について、経営者と一体的な立場にあるというためには、経営者から重要な責任と権限を委ねられている必要があります。「課長」「リーダー」といった肩書があっても、自らの裁量で行使できる権限が少なく、多くの事項について上司に決裁を仰ぐ必要があったり、上司の命令を部下に伝達するに過ぎないような者は、管理監督者とはいえません。
③ **現実の勤務態様も、労働時間等の規制になじまないようなものであること**	管理監督者は、時を選ばず経営上の判断や対応が要請され、労務管理においても一般労働者と異なる立場にある必要があります。労働時間について厳格な管理をされているような場合は、管理監督者とはいえません。
④ **賃金等について、その地位にふさわしい待遇がなされていること**	管理監督者は、その職務の重要性から、定期給与、賞与、その他の待遇において、一般労働者と比較して相応の待遇がなされていなければなりません。

2．管理監督者の労働時間管理のポイント

誤解されているケースがありますが、管理監督者であっても、深夜業（22時から翌日5時まで）の割増賃金を支払う必要がないわけではありません。また、年次有給休暇も一般労働者と同様に与える必要があります。

法律上の管理監督者であっても、無制限に働かせていいというわけではないのです。管理監督者であっても、長時間労働による心身の健康被害の発生を未然に防ぐためには、労働時間の的確な把握・管理と、適切な健康管理が必要であることにかわりはありません。

2019年4月に改正された労働安全衛生法では、管理職を含む全ての労働者の労働時間を把握・管理することや、単月100時間(又は2～6か月平均で月80時間)を超えるような長時間の時間外労働に従事した場合には管理監督者であっても医師による面接指導などの健康管理措置を講じることが義務となっていますので、注意が必要です。

06 勤務間インターバル

1．勤務間インターバルとは

「勤務間インターバル」制度とは、1日の勤務終了後から翌日の出社までの間に、一定時間以上の休息時間（インターバル）を設けることで、労働者の生活時間や睡眠時間を確保する目的で導入する制度です。導入することによって、過重労働対策やメンタルヘルスに関する対策にもつながります。働きやすい労働環境を整え、人材確保に繋がることを期待し、導入する会社も増えています。

2．勤務間インターバルのポイント

勤務間インターバル制度を導入するにあたっては、以下の事項を決めておく必要があります。なお、勤務間インターバル制度は、法律でその内容に詳細なルールが定められているわけではないため、会社ごとの事情や導入目的に照らして柔軟な発想で設計することが可能です。

① インターバルの時間数

通勤時間なども考慮して、社員がどの程度のインターバルを取得できそうか検討する必要があります。一般的には8時間から11時間の間で定められるケースが多いです。一律に時間数を設定する方法もあれば、職種別に時間数を変えることなども考えられそうです。

②　例外の設定有無及び内容

繁忙期や業務の緊急性など特別な事情が生じた場合などを想定して、適用を除外する事情なども事前に考えておくといいでしょう。

③　勤務開始可能時刻が、翌日の始業時刻に及んだ場合の取扱い

勤務開始可能時刻が翌日の始業時刻に及んだ場合、重複する時間の取扱いをどうするか決めておく必要があります。例えば、重複時間は勤務したものとみなして賃金を支払う方法もあれば、重複時間の時間数分、始業及び終業時刻を遅らせるなども考えられます。

第 4 章

給与に関するルール

01 労働基準法による賃金の保護

1．賃金支払の５原則

賃金は労働基準法第 24 条において、
① **通貨で**
② **直接労働者に**
③ **全額を**
④ **毎月１回以上、**
⑤ **一定の期日を定めて**
支払わなければならないと規定されています。これが、賃金支払の５原則です。

それぞれの内容を詳しく見ていきましょう。

① **「通貨で」**
賃金は通貨で支払われることが原則です。小切手や現物では支払うことができません。例外として労働協約※を締結し、通勤定期券を現物支給することは可能です。

② **「直接労働者に」**
中間搾取を排除するため、直接本人に支払います。

③ **「全額を」**
賃金の一部を控除して支払うことはできません。ただし、法令に定めのある場合（社会保険料の控除や所得税の源泉徴収）、労使協定が締結されている場合は、賃金の一部を控除して支払うことができます。

④ **毎月１回以上支払わなくてはなりません。**

⑤ **一定の期日を定めて支払わなくてはなりません。**
④・⑤共に労働者の経済的生活の安定を図ることを目的としています。
※労働協約とは労働組合による団体交渉により労使双方が労働条件その他の事項を取りまとめたもので、労使協定とは別のものになります。

2．ノーワーク・ノーペイの原則

ノーワーク・ノーペイの原則とは、労働者が労務を提供しないとき、つまり働いていないときは使用者に賃金支払義務が発生しないということです。

たとえば、台風などの天災により就労できなかった場合は、労働者使用者双方の責めに帰すべき事由に該当しないため、使用者は賃金を支払う義務はありません。

また、遅刻や早退など労働者の責めに帰すべき事由により労務が提供されなかった場合にも使用者は賃金を支払う義務はありません。

ただし、使用者の責めに帰すべき事由がある場合には休業手当を支払う義務があります（4．休業手当参照）。

3．平均賃金

平均賃金とは労働基準法等で定められている手当や補償、減給制裁の制限額を算定するときなどの基準となる金額です。

労働者を解雇する場合の予告に代わる解雇予告手当、使用者の責めに帰すべき事由により休業させる場合に支払う休業手当、年次有給休暇を取得した日について平均賃金で支払う場合の賃金、減給制裁の制限額などの算定に使われます。

平均賃金は、原則として算定すべき事由の発生した日以前 3 か月間に、その労働者に支払われた賃金の総額を、その期間の総日数（歴日数）で割って計算します。

ただし、賃金が時間額や日額、出来高給で決められており労働日数が少ない場合など、総額を労働日数で割った 6 割に当たる額の方が高い場合はその額を適用します（最低保障額)。

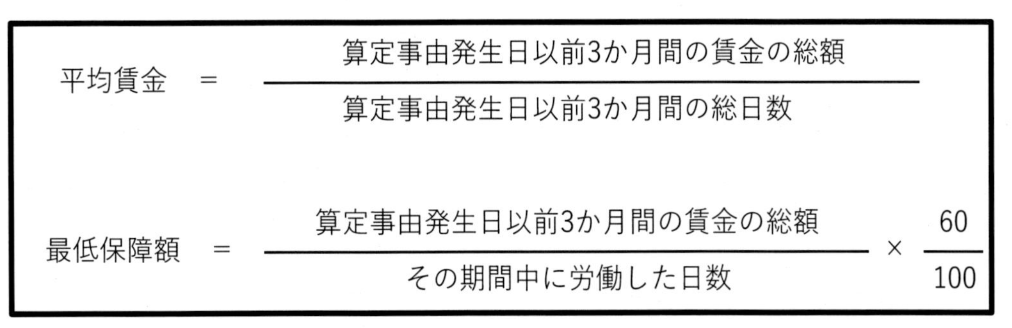

図表 4-1：平均賃金の算出方法

過去 3 か月間とは、算定事由の発生した日は含まず、その前日からさかのぼって 3 か月となります。賃金締め切り日ごとに、通勤手当、皆勤手当など諸手当を含み、税金や社会保険料などを控除する前の賃金の総額により計算します。

4．休業手当

使用者は、「使用者の責めに帰すべき事由」による休業の場合、休業期間中に平均賃金の100分の60以上の休業手当を支払う義務があります（労働基準法第26条）。

使用者の責めに帰すべき事由としては、以下の事例が挙げられます。

① 工場などでの生産調整のための一時休業

② 親会社の経営不振による休業

③ 原材料の不足による休業

④ 監督官庁の勧告により操業停止した場合の休業

⑤ 違法な解雇による休業

5．休業補償

労働者が業務上負傷または疾病にかかり、その療養のため労働することができない場合、使用者は労働者の療養中平均賃金の100分の60の休業補償を行わなければなりません。

実際の保障は労災保険によるところが大きいですが、労災の休業補償は休業開始4日目から支給されますので、待機期間である3日間は使用者に支払義務が発生します。

休業手当との違いは、休業手当は労働者に働く能力と意思がある状態ですが、休業補償の場合、業務上の負傷や失敗により労働者に働く能力がない状態を指しています。

02 最低賃金

1．最低賃金の効力

使用者は最低賃金法に定める最低賃金額以上の賃金を支払う義務を負っています。

仮に最低賃金額より低い賃金を労働者、使用者双方の合意の上で定めても、それは法律によって無効とされ、最低賃金額と同額の定めをしたものとされます。

したがって、最低賃金未満の賃金しか支払わなかった場合には、最低賃金額との差額を支払わなくてはなりません。

2. 地域別最低賃金と特定最低賃金

最低賃金には都道府県ごとの地域別最低賃金と特定の産業についての特定最低賃金があります。

地域別最低賃金は産業や職種にかかわりなく、都道府県内の事業場で働く全ての労働者とその使用者に対して適用されます。

特定最低賃金は、特定地域内の特定の産業の基幹的労働者とその使用者に対して適用されます。

3. 最低賃金の計算方法

地域別最低賃金は、労働者の生活費、賃金、通常の事業の賃金支払能力を総合的に勘案して定められます。労働者が健康的で文化的な最低限度の生活を営むことができるよう、生活保護にかかる施策との整合性も考慮されます。

03 割増賃金

1. 割増賃金の計算方法

使用者は、労働者を時間外労働させた場合、深夜労働させた場合、法定休日労働させた場合には「割増賃金」を支払わなければなりません。

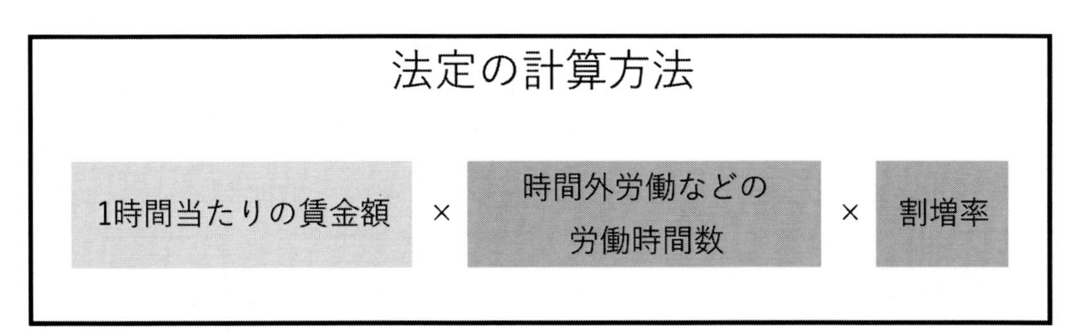

図表 4-2：割増賃金の法定の計算方法

「1 時間当たりの賃金額」とは…

時間給の場合には、その金額になります。

月給の場合には、その金額を月の所定労働時間数で割った金額になります。

月の所定労働時間数が就業規則で定められている場合にはその時間、定められていない場合には１年間における１か月平均所定労働時間数を求めます。

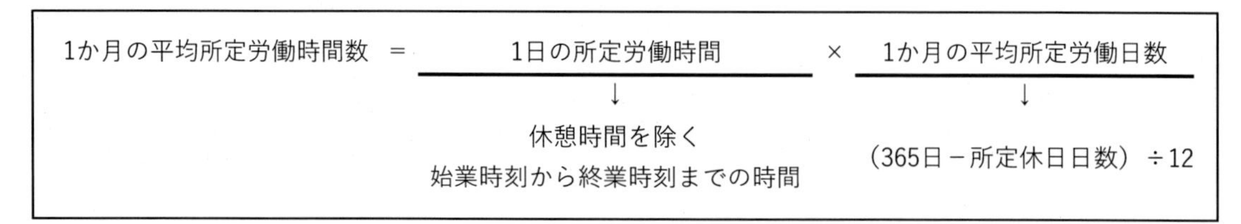

図表 4-3：1 か月の平均所定労働時間数の計算方法

「割増率」は以下のように決められています。

- ➢ 時間外労働　1.25　※
- ➢ 休日労働　1.35
- ➢ 深夜労働　0.25　（深夜とは午後 10 時から午前 5 時までを指します）

※月 60 時間を超える時間外労働は 1.5 となります。

（中小企業の適用は 2023 年 4 月 1 日からです）

割増賃金の計算には以下の賃金は除外します。

＜割増賃金の基礎となる賃金に除外される賃金＞

① 家族手当

② 通勤手当

③ 別居手当

④ 子女教育手当

⑤ 住宅手当

⑥ 臨時に支払われた賃金

⑦ 一か月を超える期間ごとに支払われる賃金

除外されるか否かは名称にかかわらず実質によります。例えば、「住宅手当」という名称であっても、全員一律に定額で支給されるなど、住宅に要する費用に応じて算定されない賃金は除外されません。

2．固定残業代の有効性

割増賃金の支払にあたり、上記の法定の計算方法によることが難しい場合には、定額で残業代を支給する方法があります。

例えば基本給とは別に残業代（30 時間分）を固定の定額手当として支給する方法です。

【例】
基本給　　　　240,000 円
定額残業手当　　56,250 円（30 時間分）
1 月の所定労働時間数が 160 時間の場合、
240,000 円÷160 時間×1.25（時間外割増率）×30 時間＝56,250 円

図表 4-4：固定残業代の算出例

この固定残業代は労働者が実際に時間外労働した時間が 30 時間に満たなかった場合でも控除せず全額支払うことになります。また、30 時間を超えた場合には、超えた時間の残業手当を支払う必要があります。

固定残業代が有効とされるかどうかは、まず契約書や就業規則に定額手当を固定残業代として支払うことを明記し、固定残業代が実際に残業の対価として支払われていると認められていることが必要です。そして、時間外労働等の実態と大きな乖離がないかどうかも重要です。

また、固定残業代の時間数は何時間でもよいということはなく、残業時間の上限である月 45 時間以内が妥当だと考えられます。

04 賞与・退職金

賞与は法律上支給が義務付けられているものではありません。

支給の有無や支給額が専ら使用者の裁量に委ねられているような恩恵的な給付は原則として賃金とみなしません。

しかし、就業規則等によって予め支給条件の明確な賞与等は賃金に当たり、使用者に支払いの義務が発生します。

一般的には就業規則等で賞与の支給時期や支給要件等が定められ、労使交渉や使用者の決定により支給額が決定します。業績の著しい悪化などの場合には支給の延期、あるいは支給しないと定められる場合もあります。

退職金についても法律上支給が義務付けられているものではありません。

賞与と同様に支給の有無や支給額が専ら使用者の裁量に委ねられている場合は、恩恵的な給付とされ、賃金とはみなしません。

また、退職金も就業規則等の規定により支給の有無や支給基準が明確に定められている場合は賃金に当たり、使用者に支払の義務が発生します。

就業規則には「対象者労働者の範囲」、「退職金の決定・計算・支払方法」、「退職金の支払時期」に関する事項を定めなければなりません。

第 5 章

社会保険と労働保険

01 労働保険制度の概要

1．労災保険

労災保険とは、「労働者災害補償保険」の略称です。

労働者が業務上の事由または通勤によって負傷した場合や、病気に見舞われた場合、あるいは怪我や病気を原因に死亡された場合に、労働者本人や遺族に対して保険給付が行われる制度です。

業務が原因となる怪我や病気についての医療費が全額補償されます。

通勤中に怪我をした場合も同様に医療費が全額補償されます。

ただし、基本的には会社に申告している通勤経路上での怪我についてのみ補償されることになりますので、帰宅途中に通勤経路を外れて寄り道をした場合には補償の対象にならない場合がありますのでご注意ください。

加入対象者は、事業所で勤務されている全ての労働者が対象となります。

事業主や役員は労働者ではないため、加入することができません。

また、労災保険の保険料につきましては全額、事業主が負担することとなっています。

2．雇用保険

雇用保険とは、労働者が失業した場合及び事業主が労働者の雇用を継続することが困難となる事由が生じた場合に、労働者の生活及び雇用の安定を図るとともに、再就職を促進するための必要な給付が行われる制度です。

主に失業した際に支給される「失業給付」が有名ですが、その他にも求職活動中に病気や怪我が原因で職業に就くことができない状態となった時に支給される「傷病手当」や、出産後にすぐに職場に復帰ができない場合に育児休業を取得した際に休業中の賃金の補助として支給される「育児休業給付」などがあります。

給付を受けるためにはそれぞれの条件を満たしている必要がありますのでご注意ください。

加入対象者は、「労災保険」の加入対象者であり、なおかつ1週間の所定労働時間が20時間以上であり、入社後に継続して31日以上雇用されることが見込まれている労働者が対象となります。

上記の条件に1つでも当てはまらない場合には、雇用保険に加入することができません。

3．労働保険料の申告・納付

労働保険料とは、労災保険と雇用保険の保険料の総称した名称です。

労働保険料は年度単位で申告をし、保険料を納める制度になっています。

申告及び納付期限は、原則毎年 6 月 1 日～7 月 10 日までに労働保険料の更新手続を行い、その後保険料の納付を行うことになります。

保険料の計算方法は、労働者に支給した給与額から算出します。

期間は 4 月分から翌年 3 月分までの給与の総支給額です。

給与額にそれぞれの保険料率をかけて労災保険と雇用保険の保険料を算出します。

その際、実際に支給した給与額で「確定労働保険料」を算出し、同じ給与額を翌年度で支給する予定の給与額として「概算労働保険料」を算出します。

前年に納付した保険料額と「確定労働保険料」の差額と「概算労働保険料」の合計額がその年の納付額となります。

例）令和元年度に設立し、労働保険に加入した事業所の場合

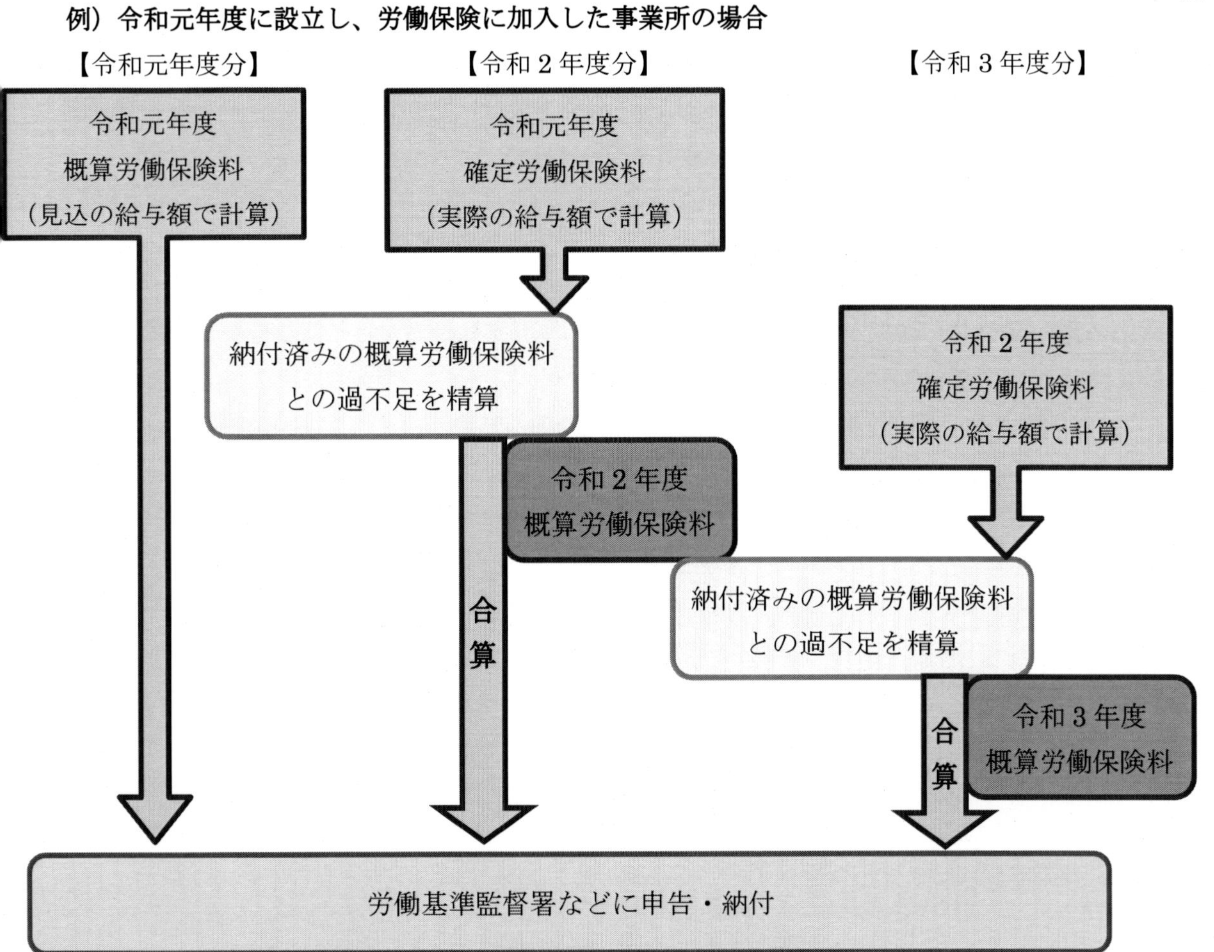

図表 5-1：労働保険料の申告・納付の流れ

02 社会保険制度の概要

1．健康保険・介護保険

「健康保険」にはいくつか種類があります。

住民票を定めている方であれば加入できる「国民健康保険」と、法人の事業所もしくは常時5人以上の従業員が在籍している事業所で勤務している方で、正社員もしくは正社員と同等に勤務されているパート・アルバイトの方が加入できる「全国健康保険協会（協会けんぽ）」と、事業所が独自で運営している又は同じ業種の事業所が共同で運営している「健康保険組合」の3つが主な「健康保険」です。

健康保険証が発行され、療養費の給付を受けることができるという基本的な取扱いは全て同じです。

大きな違いは「保険料の料率及び保険料の決定方法」と「給付金の種類」になります。

加入されている「健康保険」によって、「傷病手当金」や「出産手当金」「高額療養費（限度額適用認定）」などを受けることができます。

「介護保険」とは、高齢化の進展に伴い、要介護高齢者や介護期間の長期化などに対応するためにできた制度です。

要介護認定を受けた際に、認定の度合によって介護給付または予防給付を受けることができます。

40歳以上の方につきましては「介護保険」の加入対象となり、保険料が加算されます。

2．国民年金・厚生年金

「国民年金」とは、日本国内に住所を有する20歳以上60歳未満までの方で、厚生年金に加入していない方又は第3号被保険者（厚生年金に加入している方の被扶養配偶者）でない方が加入対象となります。

この場合、国籍は関係ありませんので日本国内に住民票を定めている方が全て加入対象となります。

「国民年金」は20歳から60歳までの40年間について月額の保険料を納付すると65歳から支給を受けることができます。

「厚生年金」とは、法人の事業所もしくは常時5人以上の従業員が在籍している事業所で勤務している方で、正社員もしくは正社員と同等に勤務されているパート・アルバイト・派遣社員の方が加入対象となります。

「厚生年金」の保険料には「国民年金」分が含まれているため、年金を受け取る際には「国民年金」と「厚生年金」の両方を受給することになります。

「国民年金」と「厚生年金」の仕組みから、日本の公的年金は2階建てといわれ、国民年金は「基礎年金」とも呼ばれます。

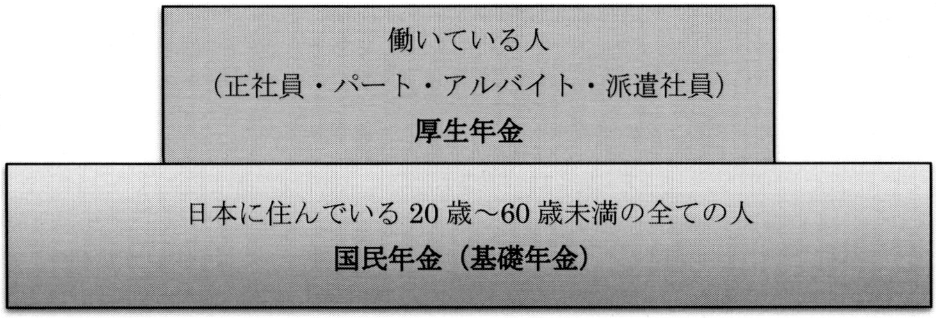

働いている人 （正社員・パート・アルバイト・派遣社員） **厚生年金**
日本に住んでいる20歳〜60歳未満の全ての人 **国民年金（基礎年金）**

図表5-2：公的年金の仕組み

3. 社会保険料の計算

健康保険・厚生年金の保険料は、入社時または加入対象となった時の給与額を基に決定することになります。

保険料については、保険料額表というものがあり、給与額を料額表に当てはめて保険料を決定します。

健康保険・厚生年金の保険料は事業主と労働者でそれぞれ折半して負担することとなります。

加入後は毎年4月〜6月に支給される給与にて保険料の見直しが行われ、その年の9月分保険料より変更されることになります。

また、給与額が大幅に変更された時（昇給や降給、手当の変更など固定的賃金に変更があった時）には臨時的に保険料を変更することが可能です。

給与額が変更になった月から3か月分の給与額の平均によって保険料が変更になります。

ただし、給与額に変更があった場合でも保険料額表の等級に2等級以上の差がない時は保険料を変更することができませんのでご注意ください。

第 6 章

社員の健康管理と安全配慮義務

01 安全配慮義務

１．安全配慮義務の定義

安全配慮義務については以下のように明文化されています。

「使用者は、労働契約に伴い、労働者がその生命、身体等の安全を確保しつつ労働することができるよう、必要な配慮をするものとする」（労働契約法第５条）。

使用者は労働者に心身共に健康で安全に働いてもらう環境を提供する義務があるということです。

２．安全配慮義務の具体的内容

安全配慮義務は労働災害などの事故や災害の防止、職業病等の防止などが元々の内容でした。しかし、心身ともに健康で安全に働いてもらうためには、以下のような取り組みをする必要があります。

- ◆　安全衛生管理体制の確立
- ◆　労働者への安全衛生教育の実施
- ◆　健康診断の実施
- ◆　施設・備品の管理の徹底
- ◆　労働時間の適正な把握と過重労働の防止
- ◆　適切な人員配置
- ◆　ハラスメント対策　など…

安全配慮義務違反とされるかどうかは、予見可能性と結果回避性の２点が基準になります。

例えば、労働災害事故が発生し労働者が負傷した際、その事故の発生を予測できたかどうか（予見可能性）や、ケガが発生しないように十分な対策を講じたかどうか（結果回避性）が問われます。

使用者はでき得る限りの対策をとらなければならないということになります。

02 健康管理

1．安全衛生管理体制

安全衛生管理体制を整備することは、労働災害を防ぎ、責任体制を明確化すること、そして、自主的な安全衛生活動を促進するために必要になります。使用者は、業種と規模に応じて、必要な管理者、産業医等を選任することが義務付けられています。

（1）総括安全衛生管理者

総括安全衛生管理者は、一定の規模以上の事業場における、事業全体を実質的に統括管理する者をいいます。

業種	事業場の規模（常時使用する労働者数）
林業、鉱業、建設業、運送業、清掃業	100人以上
製造業（物の加工業を含む）、電気業、ガス業、熱供給業、水道業、通信業、各種商品卸売業、家具・建具・じゅう器等卸売業、各種商品小売業、家具・建具・じゅう器等小売業、燃料小売業、旅館業、ゴルフ場業、自動車整備業及び機械修理業	300人以上
その他の業種	1,000人以上

図表 6-1：総括安全衛生管理者の選任が必要な事業場の条件

※常時使用する労働者数には日雇い労働者、パートタイマーの臨時的労働者の数を含めて、常態として使用する労働者の数であり、派遣社員を含めた全ての労働者が含まれます。

総括安全衛生管理者は、その事業の実施を実質的に統括管理する権限及び責任を有する者（工場長等）であることが要件となります。

総括安全衛生管理者は安全管理者、衛生管理者などを指揮するとともに、次の業務を統括管理します。

① 労働者の危険または健康障害を防止するための措置に関すること
② 労働者の安全または衛生のための教育の実施に関すること
③ 健康診断の実施その他健康の保持増進のための措置に関すること
④ 労働災害の原因の調査及び再発防止対策に関すること

⑤　安全衛生に関する方針の表明に関すること
⑥　危険性又は有害性等の調査及びその結果に基づき講ずる措置に関すること
⑦　安全衛生に関する計画の作成、実施、評価及び改善に関すること
⑧　その他の労働災害を防止するため必要な業務

（２）安全管理者

安全管理者は一定の業種及び規模の事業場ごとに選任され、安全衛生業務のうち、安全に係る技術的事項を管理する者をいいます。

業種	事業場の規模（常時使用する労働者数）
林業、鉱業、建設業、運送業、清掃業、製造業（物の加工業を含む）、電気業、ガス業、熱供給業、水道業、通信業、各種商品卸売業、家具・建具・じゅう器等卸売業、各種商品小売業、家具・建具・じゅう器等小売業、燃料小売業、旅館業、ゴルフ場業、自動車整備業及び機械修理業	50 人以上

図表 6-2：安全管理者を選任しなければならない事業場

安全管理者のうち、少なくとも１人を専任としなければならない事業場は以下のとおりです。

業種	事業場の規模（常時使用する労働者数）
建設業、有機化学工業製品製造業、石油製品製造業	300 人
無機化学工業製品製造業、化学肥料製造業、道路貨物運送業、港湾運送業	500 人
紙・パルプ製造業、鋼鉄業、造船業	1,000 人
上記以外の業種	2,000 人

図表 6-3：安全管理者のうち１人を専任としなければならない事業場

安全管理者はある一定の要件が必要となります。

１．厚生労働大臣の定める研修を修了した者で、次のいずれかに該当する者

①　大学の理科系等の課程を卒業し、その後 2 年以上産業安全の実務を経験した者
②　高等学校等の理科系等の課程を卒業し、その後 4 年以上産業安全の実務を経験した者
③　その他厚生労働大臣が定める者（理科系等以外の大学を卒業後 4 年以上、同高等学校を卒業後 6 年以上産業安全の実務を経験した者、7 年以上産業安全の実務を経験した者等）

2．労働安全コンサルタント

安全管理者の職務は次のとおりです。

① 建設物、設備、作業場所または作業方法に危険がある場合における応急措置または適当な防止措置
② 安全装置、保護具その他危険防止のための設備・器具の定期的点検及び整備
③ 作業の安全についての教育及び訓練
④ 発生した災害原因の調査及び対策の検討
⑤ 消防及び避難の訓練
⑥ 作業主任者その他安全に関する補助者の監督
⑦ 安全に関する資料の作成、収集及び重要事項の記録
⑧ その事業の労働者が行う作業が他の事業の労働者が行う作業と同一の場所において行われる場合における安全に関し、必要な措置

また、安全管理者は作業場等を巡視し、設備、作業方法等に危険のおそれがあるときは、直ちに、その危険を防止するため必要な措置を講じなければなりません。

（3）衛生管理者

衛生管理者は一定の規模の事業場ごとに選任され、安全衛生業務のうち、衛生にかかる技術的事項を管理する者をいいます。

常時使用する労働者が 50 人以上の全ての事業場で選任することとなっています。ただし、事業場の規模ごとに選任しなければならない衛生管理者の数は以下のとおりです。

業種	事業場の規模（常時使用する労働者数）	衛生管理者の人数
全ての業種	50 人未満	衛生管理者の選任義務なし
	50 人～200 人	1 人
	201 人～500 人	2 人
	501 人～1,000 人	3 人
	1,001 人～2,000 人	4 人
	2,001 人～3,000 人	5 人
	3,001 人以上	6 人

図表 6-4：事業場の規模ごとに選任しなければならない衛生管理者の人数

その他、一定の規模や業種によっては、衛生管理者のうち少なくとも 1 人を専任とすることが必要な事業場や、衛生管理者のうち 1 人を衛生工学衛生管理者免許保持者から選任することが必要な事業場もあります。

衛生管理者は事業場の業種に応じて資格要件が異なります。

業種	資格要件
農林畜水産業、鉱業、建設業、製造業（物の加工業を含む）、電気業、ガス業、水道業、熱供給業、運送業、自動車整備業、機械修理業、医療業及び清掃業	第一種衛生管理者免許もしくは衛生工学衛生管理者免許を有する者または医師、歯科医師、労働衛生コンサルタントなど
上記以外の業種	上記に加えて、第二種衛生管理者免許を有する者

図表 6-5：衛生管理者の資格要件

衛生管理者は、主に次の業務を行うこととなっています。

① 健康に異常のある者の発見及び処置

② 作業環境の衛生上の調査

③ 作業条件、施設等の衛生上の改善

④ 労働衛生保護具、救急用具等の点検及び整備

⑤ 衛生教育、健康相談その他労働者の健康保持に必要な事項

⑥ 労働者の負傷及び疾病、それによる死亡、欠勤及び移動に関する統計の作成　など

また、少なくとも毎週１回作業場等を巡視し、設備作業方法又は衛生状態に有害なおそれがあるときは、直ちに、労働者の健康障害を防止するため必要な措置を講じなければなりません。

（４）産業医

常時使用する労働者が 50 人以上の全ての事業場で選任が必要です。

必要な人数や専属である必要があるか否かは以下のとおりです。

業種	事業場の規模（常時使用する労働者数）	産業医の選任	
		産業医の人数	産業医の選任が必要な事業場
全ての業種	50 人未満	産業医の選任義務なし	
	50 人～499 人	1 人	嘱託産業医で可
	500 人～999 人		
	1,000 人～3,000 人		専属産業医
	3,001 人以上	2 人	

図表 6-6：産業医の選任が必要な事業場

産業医は医師であって次のいずれかの要件を備えている必要があります。

① 厚生労働大臣の定める研修の修了者

② 労働衛生コンサルタント試験に合格した者で、その試験区分が保健衛生である者

③ 大学において労働衛生に関する科目を担当する教授、准教授または常勤講師の経験のある者

産業医の職務は次のとおりです。

① 健康診断の実施、及び結果に基づく労働者の健康を保持するための措置に関すること

② 面接指導、必要な措置の実施、結果に基づく労働者の健康を保持するための措置に関すること

③ 心理的な負担の程度を把握するための検査（ストレスチェック）の実施、面接指導の実施、結果に基づく労働者の健康を保持するための措置に関すること

④ 健康教育、健康相談、その他労働者の健康の保持増進を図るための措置に関すること

また、産業医は少なくとも毎月 1 回作業場等を巡視し、作業方法または衛生状態に有害のおそれがあるときは、直ちに、労働者の健康障害を防止するため必要な措置を講じなければなりません。

（5）安全委員会・衛生委員会の設置

一定の基準に該当する事業場では安全委員会、衛生委員会（あるいは両委員会を統合した安全衛生委員会）の設置が義務付けられています。

委員会種別	業種	事業場の規模（常時使用する労働者数）
安全委員会	林業、鉱業、建設業、製造業の一部の業種（木材・木製品製造業、化学工業、鉄鋼業、金属製品製造業、輸送用機械器具製造業）、運送業の一部の業種（道路貨物運送業、港湾運送業）、自動車整備業、機械修理業、清掃業	50 人以上
	製造業のうち上記以外の業種、運送業のうち上記以外の業種、電気業、ガス業、熱供給業、水道業、通信業、各種商品卸売業・小売業、家具・建具・じゅう器等卸売業・小売業、燃料小売業、旅館業、ゴルフ場業	100 人以上
衛生委員会	全ての業種	50 人以上

図表 6-7：安全委員会、衛生委員会を設置しなければならない事業場

安全衛生委員会は総括安全衛生管理者、安全管理者、衛生管理者、産業医の他に当該事業場の労働者で安全や衛生に関し経験を有する者のうちから事業者が指名した者により構成されます。

安全衛生委員会は毎月１回以上開催し、次の事項を調査審議します。

① 労働者の危険を防止するための基本となるべき対策に関すること

② 労働者の健康障害を防止するための基本となるべき対策に関すること

③ 労働者の健康の保持増進を図るための基本となるべき対策に関すること

④ 労働災害の原因及び再発防止対策に関すること

⑤ 危険性又は有害性等の調査及びその結果に基づき講ずる措置に関すること

⑥ 安全衛生に関する計画の作成、実施、評価及び改善に関すること

⑦ 長時間にわたる労働による労働者の健康障害の防止を図るための対策に関すること

⑧ 労働者の精神的健康の保持増進を図るための対策に関すること　など

委員会で審議された内容を議事録として作成し、これを３年間保存しなければなりません。また、議事の概要を掲示・文書配布等の方法により労働者に周知しなければなりません。

（６）安全衛生推進者等

常時使用する労働者が 10 人以上 50 人未満の事業場は安全衛生推進者等を選任しなければなりません。

選任すべき推進者	業種
安全衛生推進者	林業、鉱業、建設業、運送業、清掃業、 製造業（物の加工業を含む）、電気業、ガス業、熱供給業、水道業、 通信業、各種商品卸売業、家具・建具・じゅう器等卸売業、 各種商品小売業、家具・建具・じゅう器等小売業、燃料小売業、 旅館業、ゴルフ場業、自動車整備業、機械修理業
衛生推進者	上記以外の業種

図表 6-8：安全衛生推進者等を選任しなければならない事業場

安全衛生推進者等の選任に関する基準は以下のように定められています。

① 安全衛生推進者養成講習を修了した者

② 衛生推進者養成講習を修了した者

③ 大学又は高専卒業後に１年以上安全衛生の実務に従事している者

④ 高等学校又は中等教育学校卒業後に３年以上安全衛生の実務に従事している者

⑤ ５年以上（安全）衛生の実務に従事している者

⑥ 安全管理者及び衛生管理者・労働安全コンサルタント・労働衛生コンサルタントの資格を有する者

安全衛生推進者等については、次の業務を行うこととなっています（衛生推進者は衛生に係る業務に限ります）。

① 施設、設備等（安全装置、労働衛生関係設備、保護具等を含む）の点検及び使用状況の

確認並びにこれらの結果に基づく必要な措置に関すること
② 作業環境の点検（作業環境測定を含む）及び作業方法の点検並びにこれらの結果に基づく必要な措置に関すること
③ 健康診断及び健康の保持増進のための措置に関すること
④ 安全衛生教育に関すること
⑤ 異常な事態における応急措置に関すること
⑥ 労働災害の原因の調査及び再発防止対策に関すること　など

安全衛生推進者等を選任したときは、当該安全衛生推進者等の氏名を事業場の見やすい箇所に掲示するなどにより関係労働者に周知することが必要です。

2. 健康診断

（1）雇入時の健康診断

使用者は常時使用する労働者を雇い入れる際には、医師による健康診断を実施しなければなりません。常時使用する労働者とは、①雇用期間の定めがない、②雇用期間の定めはあるが、契約更新により1年以上使用されることが予定されている、③雇用期間の定めはあるが、契約更新により1年以上引き続き使用されている者で、かつ、1週間の所定労働時間が通常労働者の1週間の所定労働時間の3/4以上である者のことです。正社員はもちろん社会保険加入のアルバイトやパートタイマー勤務者も含まれることになります。

雇入れの直前または直後に実施します。本人が入社前3か月以内に医師の健康診断を受けており、その結果を使用者に提出したときは、雇入時健康診断を省略することができます。ただし、健康診断項目を全て受けている場合に限ります。

法定の健康診断項目は以下のとおりです。
① 既往歴及び業務歴の調査
② 自覚症状及び他覚症状の有無の検査
③ 身長、体重、腹囲、視力及び聴力の検査
④ 胸部エックス線検査
⑤ 血圧の測定
⑥ 貧血検査（血色素量及び赤血球数）
⑦ 肝機能検査（GOT、GPT、γ－GTP）
⑧ 血中脂質検査（LDLコレステロール、HDLコレステロール、血清トリグリセライド）
⑨ 血糖検査
⑩ 尿検査（尿中の糖及び蛋白の有無の検査）
⑪ 心電図検査

（２）定期健康診断

使用者は常時使用する労働者に対し、１年以内ごとに１回、定期に医師による健康診断を行わなければなりません。

健康診断項目は以下のとおりです。

①　既往歴及び業務歴の調査
②　自覚症状及び他覚症状の有無の検査
③　身長、体重、腹囲、視力及び聴力の検査
④　胸部エックス線検査及び喀痰検査
⑤　血圧の測定
⑥　貧血検査（血色素量及び赤血球数）
⑦　肝機能検査（GOT、GPT、γ－GTP）
⑧　血中脂質検査（LDL コレステロール、HDL コレステロール、血清トリグリセライド）
⑨　血糖検査
⑩　尿検査（尿中の糖及び蛋白の有無の検査）
⑪　心電図検査

雇入時の健康診断とほぼ同じですが、一部の項目は、医師が必要でないと認めるときに省略ができます。

（３）特定業務従事者の健康診断・その他の健康診断

深夜業または特定の有害物を扱う業務に従事する者には当該業務への配置替えの際、及び6か月以内ごとに１回健康診断を実施しなければなりません。また、有害物を扱う業務に従事する者には有害物による健康障害を防止するための特殊健康診断を行わなければなりません。

その他、海外派遣労働者への健康診断の実施や、給食業務に従事する者への検便検査を実施しなければなりません。

（４）健康診断実施後の使用者の取組事項

①　健康診断の結果は本人に文書で通知します。
②　健康診断の結果、異常の所見があると診断された場合、就業上の措置について、3か月以内に医師等の意見を聴かなければなりません。
③　医師等の意見を参考に、必要がある場合は就業場所の変更、作業の転換、労働時間の短縮などの措置をとります。
④　健康診断の結果は、健康診断個人票を作成し、それぞれの健康診断によって定められた期間、保存しておかなければなりません。一般の定期健康診断は5年間です。
⑤　50人以上の労働者を使用している場合、健康診断の結果を労働基準監督署へ報告する義務があります。

⑥ 異常の所見があり再検査が必要とされる者への再検査は義務ではありません。しかし、安全配慮義務の観点から労働者に再検査受診を促し、結果を提出させることが望ましいでしょう。

3．ストレスチェック

（1）ストレスチェックの目的

ストレスチェックは平成26年6月25日に公布された「労働安全衛生法の一部を改正する法律」（平成26年法律第82号）によって義務化されました。

ストレスチェックを行うことによって労働者のストレスの程度を把握し、労働者自身のストレスへの気付きを促すとともに、職場環境改善につなげ、働きやすい職場づくりを進めることによって、労働者がメンタルヘルス不調となることを未然に防止すること（一次予防）を目的としています。

（2）ストレスチェックの対象事業場及び対象者

対象となる事業場は、常時使用する労働者数が50人以上の事業場で、年に1回実施しなければなりません。ここでいう常時使用する労働者にはパート、アルバイト、派遣労働者など全ての労働者を含みます。

ストレスチェックの対象者も常時使用する労働者といいますが、こちらの常時使用する労働者は定期健康診断の対象者と同様になります（全ての労働者ではありません）。

（3）ストレスチェック実施後の措置

ストレスチェックにより高ストレスと判定された労働者には、医師による面接指導を受けることを勧奨します。使用者は、医師から意見を聴取し、業務負担の軽減や休職などの就業上の措置を講じることで労働者のメンタルヘルス状態の悪化を防ぎます（二次予防）。また、休職していた労働者の職場復帰を支援する必要もあります（三次予防）。

努力義務ですが、ストレスチェックの結果は職場ごとに集団分析を行うことにより、職場環境の改善のために活用されます。

ストレスチェックの結果も5年間保存義務があり、実施後には労働基準監督署への報告が必要です。

4．長時間労働

（1）長時間労働のリスク

長時間にわたる過重な労働は疲労の蓄積をもたらします。その疲労の蓄積により脳・心臓疾患の発症や、慢性疲労や過度のストレスにより精神疾患等の発症につながった場合、使用者には当然管理責任が問われます。医学的には月に100時間超あるいは2〜6か月平均で月80時間の時間外労働は健康障害のリスクが高いといわれています。

（2）長時間労働者への医師による面接指導

使用者には長時間労働者に対して面接指導が義務付けられています。

時間外・休日労働を合わせて月80時間を超えた労働者が医師の面接を申し出た場合は、面接指導を実施する必要があります。医師から必要な措置について意見聴取を行い、必要と認める場合は、就業場所の変更、作業の転換、労働時間の短縮など適切な事後措置が必要となります。

面接指導の結果は記録を作成し、5年間保存する義務があります。

（3）衛生委員会等での体制整備

衛生委員会等で労働者の労働時間を把握し、産業医と情報を共有し、調査審議の上、必要な対策を行います。また、労働者が面接指導を申し出やすい環境整備も必要です。健康障害防止のためには、申し出がなくとも医師による面接指導を実施することが望ましいです。

5．ハラスメント

（1）職場におけるハラスメント対策

職場におけるハラスメントは、職場において労働者の能力発揮を妨げ、労働意欲を低下させるばかりでなく、企業の社会的評価を著しく低下させることにもなりかねない雇用管理上の問題です。

ハラスメント対策は予防・防止が大切です。

ハラスメントを起こさせないためには、ハラスメントを行ってはならないという使用者のメッセージや、相談窓口の設置などが必要です。ハラスメントが起こってしまった場合には、適切に対応し、再発防止に向けた措置を講じること。また、相談したことによって不利益な取扱いをされない旨を労働者に周知・啓発することも大切です。

（2）職場での主なハラスメント

①　パワーハラスメント

同じ職場で働く者に対して、職務上の地位や人間関係などの職場内の優位性を背景に、業務の適正な範囲を超えて、精神的・身体的苦痛を与える又は職場環境を悪化させる行為をいいます。

②　セクシュアルハラスメント

職場において行われる、労働者の意に反する「性的な言動」に対する労働者の対応によりその労働者が労働条件について不利益を受ける、または、「性的な言動」により就業環境が害されることをいいます（上司が労働者の胸などを触り、労働者がそれに抵抗したため、降格処分とされた。上司の日常的な性的発言・からかいが苦痛で仕事に集中できない、など）。

③　**マタニティハラスメント**

働く女性が妊娠・出産・育児をきっかけに解雇・雇止め・降格・減給等の不利益な扱いを受けることをいいます。

03 休職制度

1．休職制度の意義

休職制度とは、業務外でのケガや病気等により労働を提供することが難しい理由が発生した場合に、労働者の地位を維持したまま一定の期間労働義務を免除する制度です。

労働者にとっては労働できない状態になったとしても即労働契約が解除されないという猶予期間が与えられることになります。

使用者にとっては休職制度を設け、福利厚生を充実させることにより人材の安定的な確保や離職率の低下につながります。

2．休職制度の種類

休職には以下のような種類があります。

①　私傷病休職（業務外での傷病によるもの）
②　自己都合休職（海外留学やボランティア活動など）
③　公職就任による休職（国会議員や地方議員等の公職に就くため）
④　出向休職（出向により出向元へ従事できなくなったため）
⑤　起訴休職（刑事事件で起訴され、その事件が裁判所に係属する間）
⑥　組合専従休職（労働組合の専従職員となる場合）

3．休職制度をめぐる法律関係

休職制度は労働基準法等で義務付けられている制度ではありません。休職制度を導入するかどうか、休職規定を設ける場合には休職の期間や時期などは使用者が決定します。

休職規定を設ける場合には、適用対象者、休職事由、休職期間、休職開始手続、休職期間中の責務、休職期間満了時の取扱いを定める必要があります。

休職制度は労働者が労働を提供できない状態になったとしても一定期間解雇を猶予する制度になりますので、一定の休職期間が満了しても復職できず、労働の提供ができない場合には自然退職扱いとなります。

第 7 章

妊娠・出産、育児・介護との両立支援

01 女性保護規定

1．有害業務の就業禁止

労働基準法第64条の3にて「使用者は、妊娠中の女性及び産後1年を経過しない女性（以下「妊産婦」という。）を、重量物を取扱う業務、有害ガスを発散する場所における業務その他妊産婦の妊娠、出産、哺育等に有害な業務に就かせてはならない。」と規定されています。

ここでは「妊産婦」に限定されているように記載されていますが、基本的にそれ以外の女性に対しても妊娠や出産の機能に有害な業務をさせてはいけないことになっています。

2．生理休暇

生理休暇とは、生理日に就業に就くことが難しい女性が休暇を請求した時に取ることができる病気休暇等の一種です。

労働基準法第68条にて「使用者は、生理日の就業が著しく困難な女性が休暇を請求したときは、その者を生理日に就業させてはならない。」と定められていることから生理休暇が定められています。

生理痛には個人差があるため、どの程度で休むか判断ができない場合には、医師に相談してみるとよいかと思われます。

02 妊娠・出産に関する人事労務管理

1．産前産後休業

産前休業は、出産予定日の6週間前（多胎妊娠の場合は14週間前）から、請求をすると取得することができます。

産後休業は、出産の翌日から8週間となります。

基本的に産後休業期間中は就業することができません。

ただし産後6週間を経過後に本人が請求し、医師が認めた場合には就業することができます。

2. 産前産後休業中の社会保険料

産前産後休業中の健康保険・厚生年金の保険料は全額免除となります（事業主負担・労働者負担の全額が免除対象となります）。

3. 産前産後休業と不利益取扱い

男女雇用機会均等法第 9 条第 3 項にて、女性労働者の妊娠・出産等厚生労働省令で定める事由を理由とする解雇その他不利益取扱いを禁止しています。

産前産後休業中に解雇及び雇用契約の更新や給与の降給や減給、不利益な配置転換などを行うことはできません。

4. その他の保護規定

（1）軽易業務への転換

妊娠中の女性にとって身体的に負担の大きい作業に就いていた場合、その旨を申し出ることができます（長時間の立ち仕事、前屈み作業、重量物の取扱い、休憩がとれないなど）。

また、事業主は申出内容に配慮し、他の軽易な業務に転換させなければなりません。

（2）妊産婦の請求による労働時間等の制限

妊娠中の女性より申出があった場合には、時間外労働、休日労働、深夜労働をさせることはできません。

また、事業場で変形労働時間制がとられている場合であっても同様です。

1 日及び 1 週間の法定時間を超える労働をさせることはできません。

（3）妊娠中及び出産後の健康管理措置

妊娠中及び出産後間もない女性労働者に対して母子保健法による保健指導または健康診査を受けるために必要な時間を確保することができるようにしなければなりません。

【妊娠中】

妊娠 23 週まで	4 週間に 1 回
妊娠 24 週から 35 週まで	2 週間に 1 回
妊娠 36 週以降出産まで	1 週間に 1 回

【出産後（1 年以内）】

医師等の指示に従って必要な時間を確保しなければなりません

また、健康診査等により医師等から指導を受けた場合には、その指導事項を守ることができるようにしなければなりません。

事業主が講じなければならない措置	
通勤緩和について指導があった時	時差出勤、勤務時間の短縮など
休憩について指導があった時	休憩時間を長くする、回数を増やすなど
健康状況（症状）について指導があった時	作業の制限、勤務時間の短縮、休業など

03 育児に関する人事労務管理

1. 育児休業

育児休業とは、育児のために原則として子が１歳になるまで取得できる休業です。

保育所などに預け入れることができない等のやむを得ない事情がある場合には、「1 歳 6 か月」「2 歳」「3 歳」になるまで延長することが可能です。

雇用保険に加入されている方については、受給要件に該当すれば、この育児休業期間に「育児休業給付」を受けることができます（こちらの最大延長は「2 歳」までとなります）。

「育児休業給付」の受給要件は育児休業を開始した日より前 2 年間に雇用保険の被保険者期間が 12 か月以上ある方となります。

2. 育児休業中の社会保険料の取扱い

育児休業期間中は、所定の手続を行うことで、健康保険・厚生年金の保険料（事業主負担分・労働者負担分）の全額が免除となります。

また、育児休業からの復帰後は、時短勤務などにより働き方が変わり、休業取得前より給与水準が下がる場合があります。このような場合、育児休業等を終了したときに申出をすることにより、標準報酬月額を改定できます。これを「育児休業等終了時改定」といいます。「随時改定」は、標準報酬の等級に 2 等級以上の差があるときに標準報酬月額の改定を行いますが、「育児休業等終了時改定」は 1 等級以上の差があれば標準報酬月額の改定が行われるところに違いがあります。

ところで、この改定により等級・保険料額が下がるということは、一方で将来受け取る年金額も減少してしまうことになります。そこで、将来の年金額の減少を回避する手続として、養育期間標準報酬月額特例という手続があります。この特例を申し出ることで、子が 3 歳になるまでの期間は、年金額の算定をする際には、養育開始前の高かった標準報酬月額を適用することができます。

養育期間中の保険料の取り扱い	
現在支払保険料	全額免除
現在支払う保険料	職場復帰後の低下した給与水準に合わせた保険料
将来受け取る年金額の計算	子が3歳になるまでの期間は養育前の標準報酬月額を適用

3．育児休業と不利益取扱い

育児・介護休業法第10条にて「事業主は、労働者が育児休業の申出をし、又は育児休業をしたことを理由として、当該労働者に対して解雇その他不利益な取扱いをしてはならない。」と定められています。

不利益取扱いの主な内容は「産前産後休業と不利益取扱い」と同様です。

不利益取扱い禁止の対象となる制度	
育児休業	育児のために原則として子が1歳になるまで取得できる休業
子の看護休暇	子の看護のために年間5日間取得できる休暇
所定外労働の制限	育児のために残業を免除
時間外労働の制限	育児のため、時間外労働を制限
深夜業の制限	育児のため、深夜業を制限
所定労働時間の短縮措置	育児のため、所定労働時間を短縮する制度
始業時刻変更等の措置	育児のために始業時刻を変更する等の制度

不利益な取扱いの例
①解雇すること。
②期間を定めて雇用される者について、契約の更新をしないこと。
③あらかじめ契約の更新回数の上限が明示されている場合に、当該回数を引き下げること。
④退職又は正社員をパートタイム労働者等の非正規社員とするような労働契約内容の変更の強要を行うこと。 ※労働者の表面上の同意を得ていたとしても、これが労働者の真意に基づくものではないと認められる場合には、これに該当する。
⑤自宅待機を命ずること。 ※事業主が、育児休業の終了予定日を超えて休業することや、子の看護休暇の取得の申出に係る日以外の日に休業することを労働者に強要することも含まれる。
⑥労働者が希望する期間を超えて、その意に反して所定外労働の制限、時間外労働の制限、深夜業の制限又は所定労働時間の短縮措置等を適用すること。
⑦降格させること。

不利益な取扱いの例
⑧減給をし、又は賞与等において不利益な算定を行うこと。 ※専ら育児休業等により労務提供のなかった期間を働かなかったものとして取扱うことは、不利益な取扱いに該当しないが、労務提供のなかった期間を超えて働かなかったものとして取扱うことは、「不利益な算定」に該当する（申出はしたが、まだ休業期間に入っていない場合など）。労務の不提供が生じていないにもかかわらず、育児休業等の申出等をしたことのみをもって、賃金又は賞与若しくは退職金を減額することも該当する。
⑨昇進・昇格の人事考課において不利益な評価を行うこと。 ※育児休業をした労働者について、休業期間を超える一定期間昇進・昇格の選考対象としない人事評価制度とすることは「昇進・昇格の人事考課において不利益な評価を行うこと。」に該当。実際には労務の不提供が生じていないにもかかわらず、育児休業等の申出等をしたことのみをもって、当該育児休業等の申出等をしていない者よりも不利に評価することは「昇進・昇格の人事考課において不利益な評価を行うこと。」に該当する。
⑩不利益な配置の変更を行うこと。 ※配置の変更前後の賃金その他の労働条件、通勤事情、当人の将来に及ぼす影響等諸般の事情について総合的に比較考量の上、判断する。例えば、通常の人事異動のルールからは十分に説明できない職務又は就業の場所の変更を行うことにより、その労働者に相当程度経済的又は精神的な不利益を生じさせることは、これに該当する。 ※所定労働時間の短縮措置の適用について、当該措置の対象となる業務に従事する労働者を、当該措置の適用を受けることの申出をした日から適用終了予定日までの間に、労使協定により当該措置を講じない者としている業務に転換させることは「不利益な配置の変更を行うこと。」に該当する可能性が高い。
⑪就業環境を害すること。 ※業務に従事させない、専ら雑務に従事させる等の行為。

4．その他

（1）育児時間

労働基準法第67条の定めにより、生後1年に達しない子を育てる女性は、1日2回各々少なくとも30分間の育児時間を請求できます。

（2）育児休暇

育児休暇とは、子を養育する労働者のための育児を目的とした休暇のことです。

1歳に満たない子を育てる労働者が取得できる休暇制度で、法律の適用外のため、給付制度などはありません。

（3）所定労働時間の短縮措置

3歳に満たない子を養育する労働者より申出があった場合、所定労働時間を短縮する措置（短時間勤務制度）を講じる必要があります。

ただし、通常時の1日の所定労働時間が6時間以上の方が対象となりますのでご注意ください。

（４）時間外労働・深夜業の制限

3歳に満たない子を養育する労働者より申出があった場合には、時間外労働、休日労働、深夜業をさせることはできません。

04 介護に関する人事労務管理

1．介護休業

労働者には要介護状態にある家族を介護するために育児休業を取得する権利が育児・介護休業法により認められています。

要介護状態というのは、「負傷、疾病又は身体上若しくは精神上の障害により、2週間以上の期間にわたり常時介護を必要とする状態」をいい、家族の範囲は、配偶者（内縁関係も含みます。）、父母、子、祖父母、兄弟姉妹、孫及び配偶者の父母となります。

事業主は労働者から介護休業の申し出を受けた場合はこれを拒むことができません。ただし、介護休業の申し出を拒むことに合理的な理由があると考えられる、①雇用されて1年に満たない労働者、②申出日から起算して93日以内に退職することが明らかな労働者、③週の所定労働時間が2日以下の労働者については、あらかじめ労使協定を締結しておくことで申し出を拒むことができます。

介護休業の期間は対象家族1人につき、3回まで、通算して93日を限度として、原則として労働者が申し出た期間となります。

2．介護休業中の社会保険料の取扱い

育児・介護休業法は休業の権利を保障していますが、休業期間中の賃金支払までを保障しているわけではありません。したがって、ノーワーク・ノーペイの原則に基づき、休業期間中には給与は無給となります。しかし、介護休業については社会保険料の免除制度がないため、無給となった場合でも、社会保険料は発生し続けます。そのため、介護休業を取得する労働者と社会保険料をどのように取扱うのか話し合っておく必要があります。会社による立替納付や復帰後の給与からまとめて天引きするなどの方法が考えられそうです。

３．介護休業と不利益取扱い

育児・介護休業法第 10 条にて「事業主は、労働者が育児休業の申出をし、又は育児休業をしたことを理由として、当該労働者に対して解雇その他不利益な取扱いをしてはならない。」と定められています。

不利益取扱いの主な内容は「産前産後休業と不利益取扱い」と同様です。

不利益取扱い禁止の対象となる制度	
介護休業	介護のために対象家族１人につき通算 93 日間取得できる休業
介護休暇	介護のために年間５日間取得できる休暇
所定外労働の制限	介護のために残業を免除
時間外労働の制限	介護のため、時間外労働を制限
深夜業の制限	介護のため、深夜業を制限
所定労働時間の短縮措置	介護のため、所定労働時間を短縮する制度
始業時刻変更等の措置	介護のために始業時刻を変更する等の制度

不利益な取扱いの例
①解雇すること。
②期間を定めて雇用される者について、契約の更新をしないこと。
③あらかじめ契約の更新回数の上限が明示されている場合に、当該回数を引き下げること。
④退職又は正社員をパートタイム労働者等の非正規社員とするような労働契約内容の変更の強要を行うこと。 ※労働者の表面上の同意を得ていたとしても、これが労働者の真意に基づくものではないと認められる場合には、これに該当する。
⑤自宅待機を命ずること。 ※事業主が、介護休業の終了予定日を超えて休業することや、介護休暇の取得の申出に係る日以外の日に休業することを労働者に強要することも含まれる。
⑥労働者が希望する期間を超えて、その意に反して所定外労働の制限、時間外労働の制限、深夜業の制限又は所定労働時間の短縮措置等を適用すること。
⑦降格させること。
⑧減給をする、又は賞与等において不利益な算定を行うこと。 ※専ら介護休業等により労務提供のなかった期間を働かなかったものとして取扱うことは、不利益な取扱いに該当しないが、労務提供のなかった期間を超えて働かなかったものとして取扱うことは、「不利益な算定」に該当する（申出はしたが、まだ休業期間に入っていない場合など）。労務の不提供が生じていないにもかかわらず、介護休業等の申出等をしたことのみをもって、賃金又は賞与若しくは退職金を減額することも該当する。
⑨昇進・昇格の人事考課において不利益な評価を行うこと。 ※介護休業をした労働者について、休業期間を超える一定期間昇進・昇格の選考対象としない人事評価制度とすることは「昇進・昇格の人事考課において不利益な評価を行うこと。」に該当。実際には労務の不提供が生じていないにもかかわらず、介護休業等の申出等をしたことのみをもって、当該介護休業等の申出等をしていない者よりも不利に評価することは「昇進・昇格の人事考課において不利益な評価を行うこと。」に該当する。

不利益な取扱いの例
⑩不利益な配置の変更を行うこと。 ※配置の変更前後の賃金その他の労働条件、通勤事情、当人の将来に及ぼす影響等諸般の事情について総合的に比較考量の上、判断する。例えば、通常の人事異動のルールからは十分に説明できない職務又は就業の場所の変更を行うことにより、その労働者に相当程度経済的又は精神的な不利益を生じさせることは、これに該当する。 ※所定労働時間の短縮措置の適用について、当該措置の対象となる業務に従事する労働者を、当該措置の適用を受けることの申出をした日から適用終了予定日までの間に、労使協定により当該措置を講じない者としている業務に転換させることは「不利益な配置の変更を行うこと。」に該当する可能性が高い。
⑪就業環境を害すること。 ※業務に従事させない、専ら雑務に従事させる等の行為。

4．その他

（1）介護休暇

要介護状態にある対象家族の介護や世話をする労働者は、事業主に申し出ることにより、1年において5日（その介護、世話をする対象家族が2人以上の場合にあっては、10日）を限度として、介護休暇を取得することができます。なお、介護休暇は、1日単位だけでなく、半日単位（1日の所定労働時間の2分の1。労使協定によりこれと異なる時間数を半日と定めた場合には、その半日。）で取得することができます。

（2）所定労働時間の短縮措置

要介護状態にある対象家族を介護する労働者が、就業しつつ対象家族の介護を行うことを容易にする措置として、連続する3年間以上の期間における所定労働時間の短縮等の措置を講じなければなりません。この措置は2回以上の利用ができる措置としなければなりません。

（3）所定外労働の制限

事業主は、要介護状態にある対象家族を介護する労働者が請求した場合においては、事業の正常な運営を妨げる場合を除き、所定労働時間を超えて労働させてはいけません。

（4）時間外労働の制限

要介護状態にある対象家族を介護する労働者が、その対象家族を介護するために請求した場合においては、事業の正常な運営を妨げる場合を除き、1か月について24時間、1年について150時間を超える時間外労働をさせてはいけません。

（5）深夜業の制限

要介護状態にある対象家族を介護する労働者が、その対象家族を介護するために請求した場合においては、事業の正常な運営を妨げる場合を除き、深夜において労働させてはいけません。

第 8 章

懲戒と問題社員対応

01 企業秩序と懲戒

１．企業秩序

労働者が無断欠勤や遅刻を繰り返したり、会社の備品を私的利用したりするようなことが日常的に行われている職場があったとします。その職場では、日常的にパワハラやセクハラが発生していたり、部下が上司の業務指示を公然と無視することもまかりとおっていたりします。

このような状態は、個々の労働者と会社の労働契約の関係でみれば、明らかな約束違反（債務不履行）が発生しているといえます。一方で、経営目的を遂行する組織体である会社としては、このような状態を放置してしまうと、本来の目的である事業を円滑に運営、維持することができなくなってしまいます。そこで、会社には、一定の規則やルールを定めるなど、社員に対する必要な統制を実施して会社の秩序（企業秩序）を定立・維持する必要があります。

このような企業秩序については、労働契約にその本質が含まれていると考えられています。したがって、労働契約により、会社は企業秩序を定立・維持する当然の権利を負い、労働者は当然この企業秩序の遵守義務を負うこととされています。

会社は、企業秩序の維持確保を実現するために、必要な諸事項を規則等に定め、具体的に労働者に指示、命令を行います。違反行為があった場合は、秩序回復のための必要な指示、命令を行い、また、規則に従って違反者に対して制裁としての懲戒処分を行うことができます。

しかし、企業秩序を定立・維持する権利は無制限に認められるものではありません。この権利が労働契約を根拠としている以上、その行使は、会社の円滑な運営上必要かつ合理的な限りで認められます。

２．懲戒処分

会社が企業秩序維持の観点から実施するのが懲戒処分です。通常、就業規則等にその具体的な違反行為の種類と次ページの表のような制裁の内容を規定することで制度化されています。会社にとっては企業秩序維持のために不可欠な制度ですが、制裁を科される労働者からすれば、重大な不利益を受ける制度です。客観的に合理的な理由を欠き、社会通念上相当であると認められない場合は、無効になります。

種類	内容
けん責・戒告	けん責は「始末書を提出させて将来を戒めること」をいい、戒告は始末書の提出を伴わないで将来を戒めるのみの制裁。これ自体に実質不利益はないようにみえるが、昇給・賞与・昇格審査などの際に不利益に考慮され得る。
減給	労務提供の対価として本来受け取ることができる賃金の一部を減額する。ただし無制限に減給できるわけではなく、労働基準法において1回の額が平均賃金の半額以下、1賃金支払期における賃金の総額10分の1以下という制限がある。
降格	役職・職位・職能資格など、その会社での労働者のポジションを下げる処分。
出勤停止	「自宅謹慎」「懲戒休職」などともいい、労働契約を継続しながら労働者の就労を一定期間禁止する。出勤停止期間中の賃金は支給されず、退職金算定の勤続年数にも算入されないのが一般的。
懲戒解雇	最も重い懲戒処分。通常解雇予告も解雇予告手当の支給もなく、退職金の一部または全額支払がない場合もある。普通解雇と異なり、企業秩序違反に対する制裁であることが明らかであり、再就職時に重大な障害となる不利益が生じる。

このような懲戒処分の対象となる違反行為、即ち懲戒事由としては以下のようなものが挙げられる。

類型	内容
経歴詐称	学歴や職歴、犯罪歴などの重大な経歴にたいする詐称。
職務懈怠	無断欠勤、出勤不良、勤務成績不良、遅刻過多、職場離脱等で、それが職場の士気への悪影響を及ぼしていると認められる場合。
業務命令違背	就業についての会社の指示、命令（残業指示、出張命令等）に対する違反がある場合。ただし、その命令が労働契約の範囲内の有効なものか、また労働者にその命令に服しないやむを得ない事由が存在するかが問われる。
業務妨害	労働者による会社業務の妨害で、典型例は正当性の認められない争議行為によって会社業務を積極的に阻害する場合。SNS などによる問題発言も該当し得る。
職務規律違反	横領、背任、物品の窃盗、損壊、同僚等への暴力などの非違行為、不正の見逃しや事業場内での政治活動など。
社員としての地位・身分に関する違反	私生活上の非行で、事業活動に直接関連を有するもの及び会社の評判を落とすもの、会社の労務提供に支障をきたす程度の長時間の二重就労、自社製品の不買運動や会社機密の漏洩、社員の大量引き抜きなど。の誠実義務違反。

労働契約法第 15 条では、「当該懲戒が、当該懲戒に係る労働者の行為の性質及び態様その他の事情に照らして、客観的に合理的な理由を欠き、社会通念上相当であると認められない場合は、その権利を濫用したものとして、当該懲戒は、無効とする。」と規定されています。

これは、労働契約法成立以前の判例・学説によって形成された「懲戒権濫用法理」が法文化されたものですが、より具体的には、次の事項を全て満たすことが懲戒処分が有効となるための要件とされています。

①懲戒事由と懲戒の種類・程度が就業規則に明記されていること
②懲戒の根拠規定が定められる以前の事犯に対して遡及的に適用されるものでないこと（不遡及の原則）
③同一事案に対する処分でないこと（一事不再理の原則）
④問題となる労働者の行為が就業規則規定の懲戒事由に該当すること
⑤懲戒処分を行うにあたっての手続が就業規則上に定められている場合、その手続をちゃんと行っていること
⑥同様の事例についての処分と比べ同程度の処分であること

02 損害賠償請求

１．労務上の過失と損害賠償

仕事をする上で損害が発生した場合、労働者はどこまでその責任を負わなければならないのでしょうか。

労働者の仕事上のミスなどによって損害が発生した場合、①労働者の加害行為によって、直接会社が損害を被るパターン、②労働者の加害行為によって会社以外の第三者に損害が生じるパターンの２つの状況が考えられます。

①の場合は、例えば、不注意による会社の備品や商品などの損傷・紛失や、取引上の損失の発生などです。この場合は、当該加害行為が労働契約上の債務不履行、又は不法行為に該当すれば、会社に対する損害賠償責任が発生します。

これに対して、②の場合は、業務で社用車を運転中に人身事故を起こしてしまった場合や、顧客に直接損害を与えてしまった場合などです。この場合は、労働者の加害行為が職務に関連して行われた不法行為であれば、会社は使用者責任を負っており、被害を受けた第三者に対する損害賠償責任が生じます。そして、第三者に損害を賠償した会社は、その負担を直接の加害

者である労働者に求償する権利を持つことになります。

とはいえ、会社に損害を与えた労働者に対しては、常に損害賠償や求償を求めることができるわけではありません。業務遂行上の過失から生じる損害は、労働者を指揮命令する立場にあり、労働者を使用することで利益を得ている会社が負担すべきであるという考え方があるからです。これを「危険責任・報償責任の原則」といい、労働者の損害賠償責任を制限する法理といえます。したがって、仮に労働者にミスがあったとしても、故意や重大な過失が認められない場合は、損害賠償請求や求償請求が認められないことが多いでしょう。また、仮に請求が認められた場合でも、その額は減額されたものとなるのが一般的です。

このように、危険責任・報償責任の原則や、使用者と労働者の経済的格差への配慮から、労働者の賠償責任は制限されるのです。

2. 損害賠償に関する規制

(1) 賠償予定の禁止

労働基準法第16条では「使用者は、労働契約の不履行について違約金を定め、又は損害賠償額を予定する契約をしてはならない。」としています。「違約金」というのは、損害の発生にかかわらず、労務提供の不履行があれば約束した金銭を支払わせるというものです。例えば、「辞めるのであれば100万円払え」といったような内容です。また、損害賠償額の予定というのは、損害の発生や損害額の事実を証明不要として容易に損害賠償を取り立てるために、あらかじめ賠償額を決めておくことです。例えば、「所有者を傷つけたら10万円会社に賠償すること」などです。

労働基準法がこのような規定を設けているのは、かつて労働者の転職を防止し足止めをするために一定額の違約金を定める慣行が存在したからです。これにより、労働者がその意思に反して労働を強制されることがないよう、法が規制を行っているのです。

(2) 前借金相殺の禁止

賠償予定の禁止と合わせて、労働基準法では「使用者は、前借金その他労働することを条件とする前貸の債権と賃金を相殺してはならない。」という禁止も設けています。戦前の話ですが、労働者を雇い入れる際に、使用者が支度金名目で労働者やその親権者に金銭を貸し付け、その結果労働者の自由が拘束され、また、貸付金が給与から天引きされることで、低賃金、場合によっては無報酬で働かざるを得ないという問題が起きていました。そこで、金銭貸借関係と労働契約関係を完全に分離することにより、労働者の自由が拘束されないよう、このような規定が定められています。もちろん、労働者の自由を拘束することのないような、友誼的な立場から金銭を貸し付けることは問題ありません。また、労働者からの自由な意思に基づく相殺は禁止されていません。

03 問題社員対応

1．職務上の問題行動

「問題社員」という言葉がいつから使用されるようになったのでしょうか。この用語に明確な定義があるわけではありませんが、家庭のしつけ放棄や学校教育での道徳教育の欠如などを原因として、著しくモラルが低下した若者が増えていることによって、問題社員が増えていると主張する方もいるようです。

しかし、会社において問題となる行動を起こすのは必ずしも若者ばかりとは限りません。また、これまで善いとされてきた価値観が急速に変化し、働き方や仕事への向き合い方も多様化しています。

とはいえ、もちろん企業秩序に悪影響を与え、事業活動に支障をきたすような状況を是正する必要はあります。ここでお伝えしておきたいのは、人事労務管理者として重要なことは、問題行動を起こす社員その人が悪いとかモラルが欠如しているという個人の問題・責任で終わらせるのではなく、問題とされる行動の原因を探り、その状況を是正すること、そして今後同様な問題が生じないようにする、あるいは同様の問題が生じた場合でも適切に対処できるよう対策を整えることです。そのためにもまずは、偏見や思い込みにとらわれることのないよう意識して、何が起きているのか、正しく事実を確認・把握することが大事だと考えています。

2．対応のポイント

上述のとおり、問題社員（ここでは仮に、「企業秩序や業務の円滑な運営に支障となるような行動を起こしている社員」と定義することにします。）への対応は、その社員個人への対応だけでなく、そのような行動を生じさせている状況の是正という視点が重要です。そこでまず着手すべきは、事実確認、状況把握ということになります。

（1）勤怠不良社員

遅刻欠勤を繰り返す社員に対しては、まずはその理由を確認します。病気や家庭の事情がある場合は、会社として必要な措置を検討する必要があります。しかし、その遅刻欠勤が本人の怠慢と認められるような場合は、注意・指導を繰り返し行うことが重要になります。これは、どのような問題行動に対しても同じことですが、繰り返し注意をし、指導記録を残すなどの手続を踏むことで、会社として十分な対応をしたという事実を残しておくことで、最終的に懲戒処分を行う場合もその相当性を強化する材料となります。

なお、無断欠勤のまま連絡が取れなくなった場合は、まず自宅を訪問することです。一人暮らしの自宅で倒れているなどの場合もあります。自宅の状況から転居しているのか、そうでないのかがわかるため、転居していないようであれば、内容証明郵便で解雇通知を発送します。解雇の意思表示は相手方への到達（相手に内容を読まなくても推測でき、読もうと思えば読める状態）をもって効力を発揮します。転居していて消息が不明となっている場合は、解雇通知も発送できませんので、就業規則などで連絡不通の状況が一定期間継続した場合自動で退職となるよう規定しておきましょう。

（2）協調性がない社員

会社組織は多くの人が集まって協調して就労することを前提としていますので、一人ひとりの社員には、上司や同僚と協力して仕事を進める協調性が求められるのは当然といえます。しかし、この場合も協調性がないから即懲戒処分といった単純な対応はできません。まずは、本人と関係者からよく話を聞いて、事実の確認と問題の原因把握を行います。協調性がないとされる社員には、協調性が欠如しているとみられる問題行動が発生しているものですが、それらの行動がどのような理由から行われているかを探ることで、懲戒処分ではなく改善を促すことも十分可能です。また、協調性欠如を理由に懲戒を行うのであれば、少なくとも①協調性が特に必要な職場であること、②協調性欠如により会社秩序が阻害されているというに足る事実が必要となります。

（3）能率の悪い社員（ローパフォーマー）

所定時間内にきっちり仕事を終えて退勤する社員がいる一方で、いつもダラダラと長時間の残業をする社員いると、能率が悪い社員の方が余分に残業代をもらえるという不公平な逆転現象が生じてしまいます。

このような能率が悪い社員については、上司である管理職が勤務状況を正確に把握して仕事を配分し、職場環境を整える必要があります。より具体的には、個々の部下の業務内容、業務遂行能力を把握して仕事量を調整します。時間内に業務が終わらないようであれば、業務の緊急度や重要度から優先順位をつけて指示します。一方で、仕事中の居眠りや私語、長時間電話などの怠慢行為などがみられる場合は、業務に専念するようしっかり注意・指導します。さらに、残業を許可制、事前届出制にして安易に残業ができないような仕組みを導入する必要もあります。なお、能率の悪い社員や能力不足の社員を解雇するという方法もありますが、能力不足を理由とした解雇は解雇権の濫用と判断される場合も少なくないため安易に行わないよう注意が必要です。

（4）不正行為を行う社員

ひとくちに不正行為といっても、タイムカード改ざんや日報の虚偽記載、通勤手当の虚偽申請、会社の商品の不正販売、会社のお金の着服、企業機密の漏洩、その態様も重大性も様々です。不正行為については、まず事実をしっかり確認して、不正行為が行われている場合は会社として毅然とした対応をとることが必要です。また、具体的な損害が発生している場合は、損害賠償請求も検討します。会社機密の漏洩などの場合は、不正競争防止法を根拠として刑事責任を請求したり、差止請求をしたりすることも可能となりますので、懲戒処分を検討するのと併せて損害の回復や損害の拡大を防ぐ手立てを検討します。

（５）私生活上で問題のある社員

労働者が勤務日以外に何をしようと、原則は個人の自由です。しかし、何をするかは個人の自由とはいっても、会社の構成員として個人の行為の結果が会社の社会的信用を毀損するような場合まで自由が認められるわけではありません。例えば、喧嘩による暴行・傷害事件、飲酒運転による人身事故、痴漢行為などは社会的にも非難される行為として会社としても対応が求められます。

私生活上での行為が懲戒処分の対象となるには、「労働者の不名誉な行為が会社の体面を著しく汚した」といえなければならず、「必ずしも労働者の行為により具体的な業務阻害の結果や取引上の不利益の発生があったことまでは要しないが、問題となる行為の性質、情状のほか、会社の事業の種類・態様・規模、会社の経済界に占める地位、経営方針及びその従業員の会社における地位・職種等諸般の事情から総合的に判断して、その行為により会社の社会的評価に及ぼす悪影響が相当重大であると客観的に評価できる場合でなければならない。」とされています。

第 9 章

その他労働者の人事労務管理

01 高齢者雇用の人事管理

１．高齢者雇用の必要性

高齢者の活用を図る人事管理の整備が求められています。その背景には、企業をとりまく労働市場の構造変化があります。

わが国では、少子高齢化が進むなかで、公的年金の支給開始年齢が段階的に引き上げられてきました。これにより、多くの労働者が、経済的な理由から高齢期になっても働かざるを得ない状況におかれています。会社にしてみても、少子高齢化により働き手の確保が難しくなる中で、今後積極的に活用していく人材源として、職務経験の豊かな高齢者は有力な候補になっています。また、国も高齢者の雇用の促進と安定をはかる施策を強化しています。

このような中で、会社が高齢者を活用することは不可避となってきています。ポイントとなるのは、高齢者にいかに意欲をもって働いてもらい、戦力となってもらうかです。単に雇用を維持するだけでは、労務費の負担増を招くだけにもなりかねません。

したがって、単に従来の人事管理をそのまま適用するのではなく、高齢者がしっかり活躍できる仕組みを作り上げる必要があります。

２．高齢者をめぐる法律

高齢者は若年者と違い、いったん会社を離れると再就職が困難となります。そこで、高齢者の雇用維持の観点からは、これまで勤務してきた会社に継続して雇用される方向で法整備が行われています。そして、65 歳までの雇用確保の促進、高年齢者等の再就職の促進、職業生活から引退過程にある高年齢者の就業機会の確保・退職準備の援助を目的として高年齢者雇用安定法（高齢者等の雇用の安定等に関する法律）が制定されました。この法律について押さえておきたいのは次の 2 点です。

（１）60 歳未満の定年禁止

定年を定める場合は 60 歳を下回ることはできないとされています。

（２）高年齢者雇用確保措置

65 歳未満の定年を定めている場合、労働者が 65 歳まで安定した雇用を確保できるよう、①定年引き上げ、②継続雇用制度の導入、③定年の廃止のいずれかを講ずることが義務となっています。このうち、継続雇用制度については、さらに再雇用制度と勤務延長制度に分かれます。

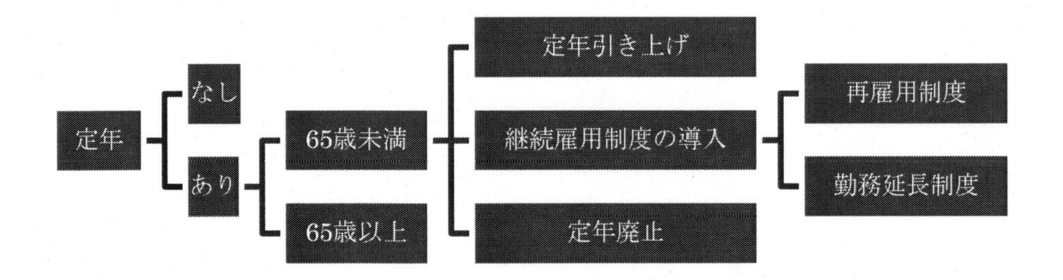

図表 9-1：高年齢者雇用確保措置の全体像

再雇用制度は、一度退定年職扱いにした後、再度雇用する制度です。それまでの労働条件を白紙に戻し、契約社員や嘱託社員など新たな雇用形態で契約を交わします。退職前の労働条件に縛られることなく労働時間や給与などを大幅に変更することもでき、比較的導入しやすい制度です。

勤務延長制度は、定年退職はせず雇用形態を維持したまま雇用を延長する制度です。定年年齢を変更することもなく、役職や賃金、仕事内容は大きく変わらず勤務期間のみを延長します。退職金の支払も延長期間が終了後の退職時に支払われることになります。

3. 人事労務管理上のポイント

高齢者雇用においては、単に高齢者雇用確保措置を実施するというだけでなく、高齢労働者のセカンド・キャリアという視点が重要です。各社の状況にもよりますが、高齢期の労働者には、出向、転職、独立、早期退職、定年後再就職、継続雇用といった多様な選択肢があり得ます。会社としては、労働者本人が自分のセカンド・キャリアを主体的に考えられるよう研修を実施したり、社員意識調査を行ったりしながら、社員に進路選択を促すといった取り組みが必要となります。

高年齢雇用確保措置を設計するに当たっては、①労務コストの観点、②労働力確保の観点、③組織活性化の観点からどうなるのか、④コンプライアンスの観点から検討を加えることが大切です。

まず、高年齢雇用確保措置を実施することによる労務コストへの影響を検討する必要があります（①）。また、一口に高齢労働者といっても、各個人の経験や能力も異なりますので、引き続き有用な労働力として会社に貢献してもらうためにはどのように配置すればよいのか検討を要します。また、高齢労働者が第一線を離れることに伴い、そのポストを補う高度な専門力を有するコア人材や技能を継承する人材をどのように確保するのかも重要な検討ポイントです（②）。

定年後の高齢労働者の働く意識は、現役の頃のように高くはないことが考えられます。定年後の雇用期におけるモチベーションにどのような影響があるのかも検討します（③）。近年の論点として注意が必要なのは、同一労働同一賃金です。定年後再雇用後の労働条件の変更自体は認められますが、職務内容の変更と比べ、著しく賃金が低下する場合は法令違反となる可能性があるため注意する必要があります（④）。

02 障害者雇用の人事管理

1．障害者雇用の必要性

「福祉から就労」という考えを背景に、障害者の社会進出が進んでいます。労働人口が減少し人材不足が深刻化する中で、障害者は一定の配慮を必要とするものの、労働者として十分にその能力を発揮し、会社経営の戦力となる存在であると認識されています。障害者が様々な制約事項や条件を克服してその能力を発揮できる環境を整備することは、他の制約を持つ労働者も活躍できる可能性を広げ、柔軟で多様性に富んだ職場づくりにつながります。

また、国の障害者雇用に関する施策に受身的に対応するだけでなく、障害者雇用を積極的に進めることは、会社が社会の中で事業活動を行う上で、社会的責任（CSR）を果たし信頼を得ていく上でも重要な課題となっています。

このような理由から、障害者雇用は人事労務管理にとって重要な一分野となっています。

2．障害者雇用に関連する法律・制度

障害者雇用に関する基本的な法律は障害者雇用促進法（障害者の雇用の促進等に関する法律）です。障害者の雇用の促進と職業リハビリテーションの措置等を通じて障害者の職業の安定を図ることを目標として、障害者雇用率制度や障害者雇用納付金制度などを定めています。

なお、この法律でいう障害者は、身体障害者、知的障害者、精神障害者になります。

（１）障害者雇用率制度

会社は社員規模に応じて障害者雇用率に基づいた人数の障害者を雇用することが義務付けられています。2021 年 3 月 1 日現在の民間企業の法定障害者雇用率は 2.3%となっていますので、43.5 人以上の社員を雇用している会社は、少なくとも 1 人障害者を雇用しなければならないことになります。

雇用されている障害者数	÷	総労働者数	＝	実雇用率

※1　短時間労働者は原則 0.5 人でカウントし、重度障害者は２人でカウントする
※2　短時間労働者とは、週所定労働時間が通常の労働者と比べて短く、かつ 20 時間以上 30 時間未満である労働者をいう

図表 9-2：実雇用率の算定方法

障害者雇用率制度上で実雇用率の算定対象となる障害者は、身体障害者手帳、療育手帳、精神障害者保健福祉手帳の所有者をいいます（短時間労働者は原則 0.5 人でカウントし、重度障害者は２人でカウントする。）。

障害者の就業が一般的に困難であると認められる業種については、一律の雇用率を適用するのではなく、雇用労働者数を計算する際に、除外率に相当する労働者数を控除する制度があり、障害者の雇用義務を軽減する措置が設けられています。ただし、現在は廃止に向けて段階的な引き下げが行われています。

（２）障害者雇用納付金制度

障害者を雇用するためには、特別な雇用管理や職場環境の整備、設備導入等が必要となるために、健常者の雇用に比べて経済的負担を伴うことがあります。障害者を雇用する会社の経済的負担を軽減し、障害者の雇用を推進する狙いで「障害者雇用納付金制度」が設けられています。この制度では、法定雇用率未達成の会社から納付金を徴収し、法定雇用率達成の会社に対して調整金、報奨金を支給する等の助成を行っています。

【調整金の額】

法定雇用障害者数	−	実雇用障害者数	×	調整基礎額

【納付金の額】

実雇用障害者数	−	法定雇用障害者数	×	単位調整額

※1　常用労働者 100 人超の企業から、障害者雇用納付金が徴収
※2　令和２年４月１日より週所定労働時間 20 時間未満の短時間の障害者雇用に対する特例給付金が創設
※3　納付金関係業務は独立行政法人高齢・障害・求職者雇用支援機構が実施

図表 9-3：調整金・納付金の算出方法

（３）その他会社に求められる義務

この他にも、募集・採用から雇用管理の全てのフェーズにおいて、障害者が障害者であるこ

とを理由に不当な差別を受けることがないよう、会社に対して一定の義務が定められています。

項目	内容
募集・採用に係る均等な機会の確保	募集・採用において、障害者に対して障害者でない者と均等な機会を与えなければならない。
障害者であることを理由とした差別的取扱いの禁止	賃金・教育訓練・福利厚生その他の待遇について、障害者であることを理由に障害者でない者と比べて不当な差別的取扱いをしてはならない。
募集・採用に係る合理的配慮	募集・採用にあたり障害者からの申出により障害の特性に配慮した必要な措置を講じなければならない。ただし、会社に過重な負担を及ぼす場合はこの限りでない。
均等待遇の確保・能力の有効な発揮のための合理的配慮	障害者である労働者と障害者でない労働者との均等待遇の確保や、障害者である労働者の能力発揮の支障となっている事情を改善するため、障害の特性に配慮した、施設整備、援助者の配置などの必要な措置を講じなければならない。ただし、会社に過重な負担を及ぼす場合はこの限りでない。
雇用状況の報告	労働者が常時 50 人以上いる会社は毎年 6 月 1 日現在の障害者雇用の状況を翌月 15 日までに管轄ハローワークに報告しなければならない。

図表 9-4：障害者に対する差別禁止・合理的配慮等

３．人事管理上のポイント

障害者雇用のポイントは、その労働者個人の特性をしっかりと理解することと、受け入れ体制を構築することになります。

ハローワークや養護学校、盲学校、聾唖学校、職業能力開発学校などを経由して採用することが一般的と思いますので、事情をよく知るこれらの機関と事前にしっかりと相談しながら採用するようにします。障害者であっても雇用契約上の制限などはありませんが、知的障害者の場合は、契約内容を十分に理解していただくため、保護者や保証人に対しても説明を行う必要があります。

障害者本人がいくら努力をしても、上司や同僚の理解と協力がなければ、職場に適応することは困難を極めます。受け入れる側にも、障害についての理解を深めるための教育機会を設けたり、受け入れ後も人事労務管理担当者が定期的に受け入れ部署と障害者の状況を確認し、必要な支援を継続的に行っていく必要があります。

もちろん想定外の問題が生じる可能性もあるため、社外の専門家や公的機関とも積極的に連携して対応するようにしましょう。

障害者雇用については、独立行政法人高齢・障害・求職者雇用支援機構からも各種マニュアルや動画情報などを利用することができますので、是非活用してみてください。

03 外国人雇用と人事管理

1．外国人雇用の必要性

外国人の雇用が必要となる背景には、労働力人口の減少だけでなく、グローバル競争の激化のほか、外国人観光客の増加によるインバウンド需要、日本企業の海外進出に対応するための人材としてのニーズが高まっていることがあげられます。また、2019年4月から出入国管理及び難民認定法（以下「入管法」という）が改正され、外国人の単純労働が認められるようになりました。世の中が外国人労働者の受け入れ拡大に進む中で特に人材不足に苦しむ中小零細企業においては、今後外国人材の活用がますます加速していくものと考えられています。人事労務管理担当者としても、文化や言語の異なる労働者が協同して働く職場づくりを支援するという役割が求められます。

2．外国人労働者に関連する法律

日本に入国する外国人に関して基本となる法律は、入管法です。外国人労働者は、入管法で定められている在留資格の範囲内において、就労活動を行うことが認められています。また、ある程度長期間日本に在留する外国人は、住民基本台帳制度に基づいて居住する市町村で転入手続をする必要があります。これにより、住民票も作成されます。

外国人労働者の就労状況として、雇用が不安定であること、労働者を安価な労働力とみなす傾向が依然強く残っていること、社会保険の未加入が多いこと等が問題となっています。そこで、外国人を雇用する会社に対して、雇い入れる時及び離職時に一定の事項をハローワークに届け出ることが義務付けられています。

なお、届出を怠ったり虚偽の届出を行った場合、30万円以下の罰金に処せられることもあります。

就労が認められる主な在留資格（活動制限あり）		
在留資格	対象者・職業例など	期間
在留資格ごとに認められた範囲内で就労できる在留資格		
教授	大学教授等	5年、3年、1年又は3か月
高度専門職	ポイント制による高度人材	5年又は無制限

在留資格ごとに認められた範囲内で就労できる在留資格		
経営・管理	企業等の経営者・管理	5年、3年、1年、4か月、6か月又は3か月
法律・会計業務	弁護士、公認会計士等	
医療	医師、歯科医師、看護師	
研究	政府関係機関や民間企業等の研究者	
教育	中学校・高等学校等の語学教師等	
技術	機械工学等の技術者、通訳、デザイナー、私企業の語学教師、マーケティング業務従事者等	
企業内転勤	外国の事業所からの転勤者	
技能	外国料理の調理師、スポーツ指導者、航空機の操縦者、貴金属等の加工職人等	
特定技能	特定産業分野（介護、ビルクリーニング、素形材産業、産業機械製造業、電気・電子情報関係産業、建設、造船・舶用工業、自動車整備、航空、宿泊、農業、漁業、飲食料品製造業、外食業）の各業務従事者	1年、6か月又は4か月
技能実習	技能実習生	法務大臣が個々に指定する期間（2年を超えない範囲）
就労できない在留資格		
文化活動	日本文化の研究者等	3年、1年、6か月又は3か月
短期滞在	観光客、会議参加者等	90日、30日又は15日以内の日を単位とする期間
留学	大学、専門学校、日本語学校等の学生	4年3か月、4年、3年3か月、3年、2年3か月、2年、1年3か月、1年、6か月又は3か月
研修	研修生	1年、6か月又は3か月
家族滞在	在留外国人が扶養する配偶者・子	5年、4年3か月、4年、3年3か月、3年、2年3か月、2年、1年3か月、1年、6か月又は3か月
就労の可否は指定される活動によるもの		
特定活動	外交官等の家事使用人、ワーキング・ホリデー、経済連携協定（EPA）に基づく外国人看護師・介護福祉士候補者等	5年、3年、1年、6か月、3か月又は法務大臣が個々に指定する期間（5年を超えない範囲）
身分に基づき在留する者		
永住者	法務大臣から永住の許可を受けた者（入管特例法の「特別永住者」を除く。）	無期限
日本人の配偶者	日本人の配偶者・子・特別養子	5年、3年、1年又は6か月
永住者の配偶者	永住者・特別永住者の配偶者及び本邦で出生し引き続き在留している子	
定住者	第三国定住難民、日系3世、中国残留邦人等	5年、3年、1年、6か月又は法務大臣が個々に指定する期間（5年を超えない範囲）

外国人雇用状況の届出	
雇用保険被保険者である場合	雇用保険被保険者でない場合
下記事項のうち、雇い入れの時は①～⑦⑨⑩を、離職時は①～⑥⑧⑨を届け出る。 ①氏名、②在留資格、③在留期間、④生年月日、⑤性別、⑥国籍・地域、⑦資格外活動許可の有無、⑧住所、⑨雇用されていた事業所の名称及び所在地、⑩賃金その他雇用状況に関する事項	下記事項のうち、雇い入れ時は①～⑦を、離職時は①～⑥を届け出る。 ①氏名、②在留資格、③在留期間、④生年月日、⑤性別、⑥国籍・地域、⑦資格外活動許可の有無
届出方法	
雇用保険被保険者の資格取得届・喪失届と合わせて届け出る。	ハローワーク所定の届出様式（外国人雇用状況届出書）に上記事項を記載して届け出る。
届出先	
雇用保険被保険者の資格取得届・喪失届を届け出るハローワーク	事業所の管轄ハローワーク
期限	
雇い入れ時：翌月 10 日まで 離職時：離職日の翌日から起算して 10 日以内	雇い入れ時・離職時ともに翌月末日まで

3．人事労務管理上のポイント

外国人労働者であっても、日本で働く以上、日本の労働法が適用されることには変わりません。労働基準法や労働契約法といった、日本で働く人に適用される法律は外国人労働者にも適用されます。外国人だからという理由で不当に安い賃金を支払う、あるいは社会保険に加入させない等は当然、法律に抵触します。厚生労働省は、雇用される外国人労働者が職場に適応し、その能力を有効に発揮し、適切な雇用管理が行われるよう、外国人労働者を雇用する会社が講ずべき必要な措置を「外国人労働者の雇用管理の改善等に関して事業主が適切に対処するための指針」に定めています。外国人雇用を行う会社の人事労務管理担当者は参考にするといいでしょう。

一方、外国人と日本人では、日本語能力の差や宗教・文化の違いからくるコミュニケーションの特性、労働観や家族観など様々な点で違いがあります。このような違いに向き合わないことは、様々な不都合を生じる原因となります。

人事労務管理者としては、日本人の労働者と外国人の労働者が、お互いの違いを前提に協働できる会社づくりを進める必要があります。そのためには、彼我の違いを正しく認識した上で、社内における文化交流と融和を進め、個々の事情に配慮した多様な働き方が可能となるような施策を検討する必要があります。様々な点で違いはあっても、外国人労働者も日本人労働者も同じ会社で同じ目標を共有するパートナーであるという意識をもって取り組むことが大切です。

外国人労働者の雇用管理の改善等に関して事業主が適切に対処するための指針	
項目	内容
①外国人労働者の募集及び採用の適正化	・募集にあたり従事すべき業務内容、賃金、労働時間、労働・社会保険の適用に関する事項等について明示する ・求人の申込みにあたり国籍による条件を付すなど差別的取扱いをしない ・在留資格上、従事することが認められる者であることを確認する ・公平な採用選考に努める
②適正な労働条件の確保	・国籍を理由として賃金、労働時間等について差別的取扱いをしてはならない ・主要な労働条件について外国人労働者が理解できるようその内容を明らかにした書面等の交付を行う ・適正な労働時間の管理を行うほか、外国人労働者の旅券、在留カード等を保管しないようにする
③安全衛生の確保	・外国人労働者が理解できる方法で安全衛生教育を行う ・労働災害防止のため、必要な日本語及び基本的な合図等を習得させるよう努める ・健康診断等を行う
④労働・社会保険の適用等	・被保険者に該当する外国人労働者に係る適用手続等の必要な手続をとる ・離職時や、健康保険・厚生年金保険の適用事業所以外の事業所において、国民健康保険・国民年金への加入等の支援を行うよう努める
⑤適切な人事管理、教育訓練、福利厚生等	・人事管理に関する運用の透明性・公正性の確保など、多様な人材が適切な待遇の下で能力を発揮しやすい環境整備に努める ・地域で安心して生活を営むために必要な支援を行うように努める ・教育訓練の実施、苦情・相談体制の整備、母国語での導入研修の実施等に努める
⑥解雇等の予防及び再就職の援助	・安易な解雇等を行わないようにするとともに、やむを得ず解雇等を行う場合は、外国人労働者の在留資格に応じた再就職が可能となるよう、必要な援助を行うように努める

第１０章

労働契約の終了

01 労働契約の終了事由

１．期間の満了

労働契約にあらかじめ期間が定められている場合（有期労働契約）は、その期間が満了することで契約が終了します。契約期間が満了したことにより契約が終了し、かつ更新されないことを「雇止め」といいます。

雇止めの際は、労使間の紛争が生ずることも少なくないため、労働基準法、「有期労働契約の締結、更新及び雇止めに関する基準」、労働契約法等では次のような規制を設けています。

① 雇止め予告

使用者は、有期労働契約（有期労働契約が3回以上更新されているか、1年を超えて継続して雇用されている労働者に限ります。なお、あらかじめ当該契約を更新しない旨明示されているものを除きます。）を更新しない場合には、少なくとも契約の期間満了する日の30日前までに、その予告をしなければなりません。

② 雇止め理由の明示

使用者は、雇止めの予告後に労働者が雇止めの理由について証明書を請求した場合は、遅滞なくこれを交付しなければなりません。また、雇止めの後に労働者から請求された場合も同様です。

2012年に施行された労働契約法19条では、有期労働契約の反復更新によって雇止めが無期労働契約の解雇と社会通念上同視できる場合（実質無期契約タイプ）か、有期労働契約の期間満了時に当該有期労働契約が更新されるものと期待することに合理的理由が認められる場合（期待保護（反復更新）タイプ）のいずれかに該当し、当該有期労働契約期間の満了までに更新を申込むか、期間満了後遅滞なく有期労働契約の締結の申込みをしており、使用者が当該申込みを拒絶することが客観的に合理的な理由を欠き、社会通念上相当であると認められないときは、使用者は従前の有期労働契約と同一の労働条件で当該申込みを承諾したものとみなすと規定されています。したがって、単に労働契約書や労働通知書で期間の定めを明示するだけでなく、更新時に適切な手続を踏む必要があります。

なお有期契約は、原則、やむを得ない事由がなければその期間が満了するまでは解除ができませんが、労働者側からは1年を経過後は解除できることとなっています。

2. 合意解約

労働者と使用者とが合意して労働契約を解除することを、「合意解約」といいます。どちらから申し込むかにより、次の2 つに分かれます。

使用者からの退職勧奨と労働者の承諾

使用者が労働者に「辞めてもらえないだろうか」などと合意解約を申し込み、あるいは申込みの誘引を行い、労働者がこれに応じるもの。

労働者からの退職の願い出と使用者の承諾

労働者が使用者に「辞めさせてください」という「退職願」を提出するなど合意解約を申し込み、使用者が応じるもの。

労働者と使用者との「合意解約」は、当事者の自由意思により行われるものです。そのため、解雇と違い使用者からの退職勧奨に法律に定める手続はありません。労働契約が労働者と会社の合意によって成立するのと同様、その終了もまた双方の合意によって行うことができます。

ただし、脅迫・暴力はいうまでもなく、複数人で取り囲んで圧力をかけたり、長時間の拘束により退職勧奨に応じるよう強いた場合は、瑕疵ある意思表示として、無効・取消となる場合もあります。相手の意思を尊重して誠意な対応で退職勧奨を行うことが大事です。

3. 定年

多くの会社では、期間の定めのない労働契約であっても、60 歳や 65 歳といった、一定の年齢に到達したことをもって退職となる定年制を採用しています。

高年齢者雇用安定法では、60 歳を下回る定年制を設けることは禁止されており、また、65 歳未満の定年の定めをしている事業主に対し、65 歳までの雇用を確保するため、①定年年齢の引き上げ、②継続雇用制度（再雇用・勤務延長）の導入、③定年制の廃止のいずれかを措置することが義務付けられています。

2021 年 4 月からは、70 歳までの就業機会確保が努力義務となります。これにより、同じ企業での継続雇用以外に、70 歳まで継続的に業務委託契約する制度、NPO 法人などで継続的に従事できる制度の導入といった選択肢を会社が整備することになります。

4. 辞職

辞職は、労働者が自らの意思に基づいて一方的に退職を申し出て労働契約を解消することをいいます。民法では、労働者が退職届を提出するなど、人事権のある者に対して労働契約の解約の意思表示を行えば、意思表示の到達をもって確定し、2 週間を経過することで当該労働契約は終了することになります。

５．当事者の消滅

労働者の死亡や会社の解散など、労働契約の一方当事者が消滅した場合も契約は終了します。

02 解雇

１．解雇とは

解雇とは、会社側から一方的に労働者との労働契約関係を破棄することであり、労働者にとっては重大な不利益が発生するため、労働契約法や労働基準法などの法律において、一定の規制が設けられています。

労働契約法では、「客観的合理的理由と社会通念上の相当性を欠く場合には、権利を濫用したものとして無効とする」という、いわゆる解雇権濫用の法理が定められており、「客観的合理的理由」と「社会通念上の相当性」が必要とされています。

「客観的合理的理由」は、①傷病等による労働能力の喪失・低下、②能力不足・適格性の欠如、③非違行為、④使用者の業績悪化等の経営上の理由（これが後述する整理解雇に当たります。）、⑤ユニオンショップ協定に基づく解雇などがこれに該当します。

「社会通念上の相当性」の観点からは、具体的事情において、解雇の理由となった労働者の行為と比較して、その労働者を解雇することが酷ではないかという点を判断します。

解雇権濫用には当たらず、就業規則にきちんと解雇事由が記載されていることや、後述の解雇制限期間に該当しないこと、解雇予告等の必要な手続を行っていることなどにより、解雇は有効に成立することになります。

なお、解雇が否定された場合は、遡って賃金支払義務が発生することになります。

整理解雇

いわゆるリストラによる解雇のことです。この場合は労働者に非がなく、会社の都合で行う解雇であるため、一般的な解雇の要件に加え、整理解雇特有の４つの要件が必要になります。

① 経営上の必要性
倒産寸前に追い込まれているなど、整理解雇をしなければならないほどの経営上の必要性が客観的に認められること。
② 解雇回避の努力
人員削減の手段としての解雇は最終手段として、採用募集の停止、配転、出向、一時帰休、希望退職の募集、賃金の引き下げその他、解雇を回避するために会社が最大限の努力を尽くしたこと。
③ 人選の合理性
勤続年数や年齢など解雇の対象者を選定する基準が合理的で、かつ、基準に沿った運用が行われていること。
④ 労使間での協議
整理解雇の必要性やその時期、方法、規模、人選の基準などについて、労働者側と十分に協議をし、納得を得るための努力を尽くしていること。

2. 解雇制限

労働者が解雇後の就職活動に困難を来たすことがないように、次の期間については、解雇が制限されています。

解雇制限期間	
①	労働者が業務上負傷したり、病気になったりした場合に、その療養のために休業する期間及びその後 30 日間
②	産前産後休業の期間及びその後 30 日間

ただし、使用者が打切補償を支払った場合や、天災事変などやむを得ない事由により事業の継続ができなくなった場合で、その事由について労働基準監督署長の認定を受けた場合は、この制限を除外することができます。

3. 解雇手続

(1) 解雇予告・解雇予告手当

会社から支払われる給与を主な収入として生活している労働者にとって、突然の解雇により収入源が断たれてしまうことで、生活が破綻・混乱してしまうおそれがあります。労働者の生活の困窮を緩和するため、解雇しようとする労働者に対しては、使用者は少なくとも 30 日前に予告するか、30 日分以上の平均賃金を解雇予告手当として支払わなければならないことになっています。解雇予告の日数は、平均賃金 1 日分の解雇予告手当を支払った分だけ短縮することができます。

（２）解雇予告の除外認定

次の場合については、所轄労働基準監督署長の認定を受ければ、解雇予告や解雇予告手当の支払が除外されます。

解雇予告の除外となる場合
①　労働者の責に帰すべき事由（横領、経歴詐称、2 週間以上の無断欠勤等の重大・悪質な非行）によって懲戒解雇する場合
②　天災事変その他やむを得ない事由で事業の継続が不可能となったことにより解雇する場合

（３）解雇予告の例外

次の労働者の場合、通常解雇予告の適用はありませんが、一定の期間継続して雇用されることにより解雇予告が必要となります。

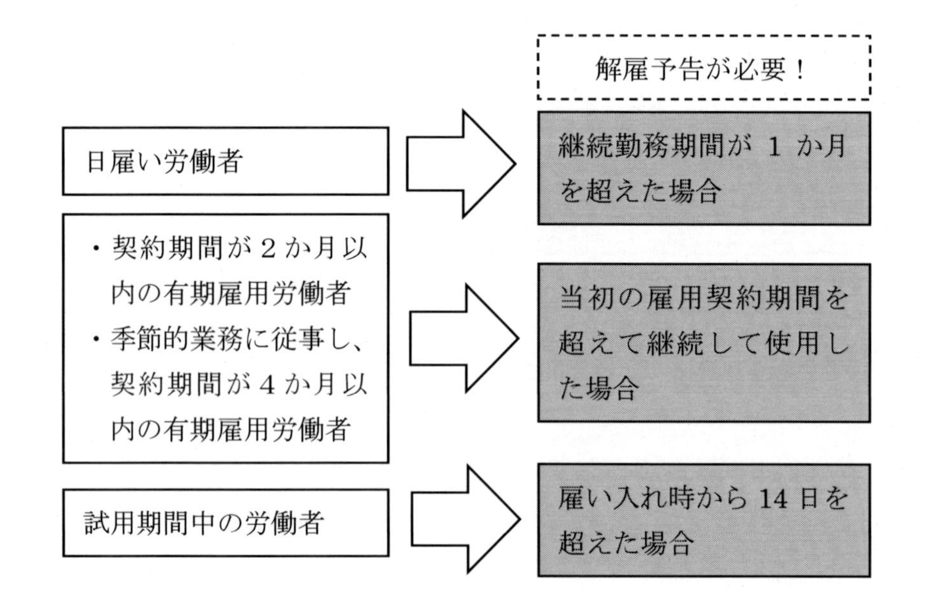

03 退職時の手続

1．退職時に必要な手続

労働者が退職する際には、雇用保険や社会保険の各種資格喪失手続や、離職票の発行、源泉徴収票の発行等の手続が発生します。退職後の労働者は住所変更がある場合もありますので、退職後の連絡先は事前に確認しておきましょう。

2．離職票の発行

事業所を管轄するハローワークに、労働者の退職から10日以内に「雇用保険被保険者資格喪失届」と「雇用保険被保険者離職証明書」を提出します。手続が完了すると、会社に離職票と資格喪失確認通知書が届きますので、退職者に郵送します。

離職票は退職者が失業保険の給付金を申請する時に必要となる書類ですが、各種医療保険制度への加入手続等の際に、退職したことを証明する書類としても使用できます。

転職先が決まっている人には離職票は必要ない場合もあるのですが、後々転職先の会社を退職した際に失業手当を受ける場合や、転職先で育児休業給付金を受ける際に必要となることもあります。転職先の有無に限らず発行するようにしておくのが無難です。

3．源泉徴収票の発行

源泉徴収票は、その年にその会社から支払われた給与等の合計額と、天引きした所得税や社会保険料の金額が記載された書類です。退職の際は、給与・賞与については最終支払分までを、また退職金を支払う場合は別途源泉徴収を行うことになります。

退職者は、発行された源泉徴収票を転職先に提出し、転職先での給与等と合算して、年末調整を行うことになります。また、事業を始めるなど、再就職しない場合であっても確定申告で納付・還付の申請を行う際に必要となります。

4．退職金の支給

退職金が発生する場合には、「退職所得の受給に関する申告書」に必要事項を本人が記入し、記入後の用紙を会社で保管します。この書面は、会社が受理した時点で税務署に提出したとみなされるため、税務署長から提出を求められない限り、退職金の支払者である会社が保管することになります。

受理後は、申告書の内容にしたがい税額計算を行った上で、退職金の支給手続を行います。

著者紹介

土江　啓太郎（つちえ　けいたろう）

グロースリンク社会保険労務士法人所長

社会保険労務士　行政書士 医療労務コンサルタント

幸せと利益を両立する「いい会社」を増やすというミッションのもと、 助成金、福利厚生制度、就業規則作成など、労務の面から お客様を継続的にサポート。

職業訓練法人Ｈ＆Ａ　労務基礎

2021年4月1日　初版発行
2023年4月1日　二版第二刷発行

著者　土江　啓太郎

発行所　職業訓練法人Ｈ＆Ａ
〒472-0023　愛知県知立市西町妻向14-1
TEL 0566(70)7766
FAX 0566(70)7765

発売　株式会社　三恵社
〒462-0056　愛知県名古屋市北区中丸町2-24-1
TEL 052(915)5211
FAX 052(915)5019
URL http://www.sankeisha.com

乱丁・落丁の場合はお取替えいたします。

ISBN978-4-86693-423-5